A CONSTRUÇÃO DA VERDADE

Conselho Acadêmico
Ataliba Teixeira de Castilho
Carlos Eduardo Lins da Silva
Carlos Fico
Jaime Cordeiro
José Luiz Fiorin
Tania Regina de Luca

Proibida a reprodução total ou parcial em qualquer mídia
sem a autorização escrita da editora.
Os infratores estão sujeitos às penas da lei.

A Editora não é responsável pelo conteúdo deste livro.
Os Autores conhecem os fatos narrados, pelos quais são responsáveis,
assim como se responsabilizam pelos juízos emitidos.

Consulte nosso catálogo completo e últimos lançamentos em **www.editoracontexto.com.br**.

Diana Pessoa de Barros
Paolo Demuru
Regina Souza Gomes
Renata Mancini

A CONSTRUÇÃO DA VERDADE

Copyright © 2024 dos Autores

Todos os direitos desta edição reservados à
Editora Contexto (Editora Pinsky Ltda.)

Ilustração de capa
Daniels Joffe em Unsplash

Montagem de capa e diagramação
Gustavo S. Vilas Boas

Preparação de textos
Lilian Aquino

Revisão
Hires Héglan

Dados Internacionais de Catalogação na Publicação (CIP)

A construção da verdade /
Diana Pessoa de Barros...[et al]. –
São Paulo : Contexto, 2025.
128 p.

Bibliografia
ISBN 978-65-5541-639-8

1. Análise do discurso 2. Linguística 3. Semiótica
I. Barros, Diana Pessoa de

24-5745 CDD 410

Angélica Ilacqua – Bibliotecária – CRB-8/7057

Índice para catálogo sistemático:
1. Análise do discurso

2025

EDITORA CONTEXTO
Diretor editorial: *Jaime Pinsky*

Rua Dr. José Elias, 520 – Alto da Lapa
05083-030 – São Paulo – SP
PABX: (11) 3832 5838
contato@editoracontexto.com.br
www.editoracontexto.com.br

Sumário

APRESENTAÇÃO 7
José Luiz Fiorin

POR UMA ARQUITETURA DO DISCURSO VERIDICTÓRIO:
PROPOSTAS A PARTIR DE GREIMAS 11

    Da verdade à veridicção 11

    As estratégias do parecer verdadeiro 15

    As categorias dos discursos veridictórios objetivantes
        e subjetivantes: uma primeira proposta 17

    O discurso veridictório objetivante 21

    O discurso veridictório subjetivante 31

    Conclusões e aberturas 38

GRAUS DE VERIDICÇÃO:
AS OSCILAÇÕES DA VERDADE E DA MENTIRA
EM DISCURSOS NA INTERNET 41

    As modalidades veridictórias e o dizer verdadeiro 42

    Os graus da veridicção 45

    A crise veridictória nos discursos da internet 51

    O curioso caso da "mamadeira de piroca" 56

    Ainda a dinâmica de circulação dos memes
        como estratégia de definição de pautas 59

    A crise veridictória e suas implicações inacreditáveis 62

ENTRE MENTIRAS E SEGREDOS 65

Estratégias de manipulação nos discursos mentirosos 67

Procedimentos para a construção da mentira
nos textos e discursos 71

A veridicção na internet 76

Tipos de discursos de desinformação 79

A veridicção nos discursos poéticos e humorísticos 81

Mentira e escola 92

HIBRIDIZAÇÃO DOS REGIMES
DE CRENÇA E VERIDICÇÃO 95

Os regimes de crença, gêneros e a questão veridictória 97

Hibridismo dos regimes de crença 104

Hibridismo e crise do estatuto
veridictório e fiduciário dos textos 106

Desafios no julgamento veridictório,
aceitabilidade dos discursos e tumulto epistêmico 114

Notas 119

Referências 121

Os autores 125

APRESENTAÇÃO

Vem a lume o livro *A construção da verdade*, de Diana Pessoa de Barros, Paolo Demuru, Regina Souza Gomes e Renata Mancini, que discute questões importantes da atualidade: a verdade, a verossimilhança, a veridicção.

No capítulo VIII de *Dom Quixote*, de Cervantes, há a seguinte passagem:

> Quando nisto iam, descobriram trinta ou quarenta moinhos de vento, que há naquele campo. Assim que D. Quixote os viu, disse para o escudeiro:
> – A aventura vai encaminhando os nossos negócios melhor do que o soubemos desejar; porque, vês ali, amigo Sancho Pança, onde se descobrem trinta ou mais desaforados gigantes, com quem penso fazer batalha, e tirar-lhes a todos as vidas, e com cujos despojos começaremos a enriquecer; que esta é boa guerra, e bom serviço faz a Deus quem tira tão má raça da face da terra.
> – Quais gigantes? – disse Sancho Pança.
> – Aqueles que ali vês – respondeu o amo – de braços tão compridos, que alguns os têm de quase duas léguas.
> – Olhe bem Vossa Mercê – disse o escudeiro – que aquilo não são gigantes, são moinhos de vento; e os que parecem braços não são senão as velas, que tocadas do vento fazem trabalhar as mós.

Como sabemos que a afirmação do Quixote é falsa e a de Sancho Pança é verdadeira? Nesse texto, temos um narrador em terceira pessoa e o que ele diz é o que se considera verdade ou não.

Durante muito tempo, a verdade foi conceituada como a adequação entre o discurso e a realidade. Tomás de Aquino dizia, na *Suma Teológica*, que *"veritas est adaequatio intellectus et rei"* (I, q. 16, a. 1). Se o que se dizia estava de acordo com a realidade, então o que se expunha era verdade; se não estava, era mentira ou falsidade. Isso significava que a questão da verdade não era um problema linguístico, porque dizia respeito à relação entre a linguagem e o referente, tema que não faz parte dos estudos da linguagem.

No entanto, depois do surgimento da internet, com a proliferação das redes sociais, ganhou amplitude, devido a sua universalidade e rapidez, a questão das notícias falsas: *fake news*, *deep fake*, pós-verdade, fatos alternativos, teorias conspiratórias e assim por diante. Diante desse fenômeno, começa-se a perceber que a realidade é uma construção discursiva regida por relações de força e jogos de poder; é um processo de elaboração de crenças; resulta da interpretação do destinatário com base em seus valores, em suas crenças, em suas emoções, etc. A verdade é menos um problema da ordem do saber e mais do âmbito do crer. Isso quer dizer que ela se diz de muitos modos. Ora, com base nisso, a linguística tem o que dizer sobre a verdade, a falsidade, a mentira. A semiótica discursiva e narrativa debruçou-se sobre o tema e estabeleceu, para estudar a problemática da verdade, a categoria da veridicção, ou seja, o dizer verdadeiro. Assim, o que se analisam são os mecanismos linguísticos com que se constrói um parecer verdadeiro, ou seja, o efeito de sentido de verdade, de realidade, decorrente de um contrato enunciativo estabelecido entre o enunciador e o enunciatário, indicando que um texto deve ser lido como verdade, falsidade, mentira ou segredo, como ficção ou representação da realidade. Há, por conseguinte, um fazer persuasivo do destinador e um fazer interpretativo do destinatário que levam, no interior das bolhas dos que partilham os mesmos valores, a ler mentiras como verdades e assim sucessivamente. A verdade decorre, então, de uma crença no dito e de uma confiança no sujeito que diz.

Essa ideologia da mentira enfraquece a democracia, que tem necessidade da verdade. Por isso, é imperativo ensinar às pessoas como reconhecer a mentira sob a aparência de verdade, os mecanismos linguísticos com que se produz o parecer verdadeiro; é necessário iluminar os modos de dizer verdadeiros e perceber as astúcias do fazer crer.

Esta obra divide-se em quatro capítulos. O primeiro aborda a arquitetura do discurso veridictório, mostrando que a verdade não deriva, nos assuntos humanos mais importantes, da adequação do discurso a um referente externo, mas da capacidade de fazer crer do discurso, ou seja, de ele criar ou consolidar convicções individuais ou coletivas, evidenciando que a verdade não é uma questão de fidedignidade, mas de fidúcia. Estuda então dois procedimentos básicos de engendramento desse parecer verdadeiro: a camuflagem objetivante e a camuflagem subjetivante, ou seja, textos em terceira ou primeira pessoa, que criam efeitos de objetividade e de subjetividade. Analisa quais são mais eficazes, conforme os gêneros do discurso, e quais os mecanismos linguísticos com que se produzem esses procedimentos.

No segundo capítulo, discutem-se os graus de veridicção, de crença. A verdade e a mentira não são vistas como categorias polares, mas numa gradualidade, em que se encontram "parecer muito, parecer pouco, quase ser, não ser de forma alguma, ser exatamente, até ser, quase parecer, não parecer nada". A verdade e a falsidade constroem-se com uma relação implicativa, enquanto o segredo e a mentira, com uma relação concessiva. A estratégia de banalização, de trivialização dos discursos de impacto, que são concessivos, faz que eles vão atenuando-se numa naturalização implicativa. O grande volume de informações na internet contribui para a formação de "bolhas" de informação que enfraquecem as balizas coletivas de referencialização discursiva dos julgamentos veridictórios. Assim, a internet produz a crise veridictória que estamos vivendo. Inúmeros exemplos são apresentados para comprovar essas teses.

O terceiro capítulo começa por constatar que as *fake news* podem ser desmascaradas a partir do exame dos próprios textos e das relações do texto com outros textos. Buscam-se, para isso, contradições, incoerências, rupturas, estranhamentos, anomalias na organização dos textos e nos diálogos entre textos. Desse modo, devem ser notados defeitos de argumentação, rupturas e mudanças semânticas, contradições entre o verbal e o visual, incoerências isotópicas e assim sucessivamente. Examinam-se diferentes tipos de discursos mentirosos: *fake news* e falsas revisões da História e da ciência. Apontam-se as diferenças entre os textos mentirosos e os textos poéticos e humorísticos. O capítulo termina expressando que a escola tem o papel de ensinar os procedimentos de construção da veridicção com vistas a que os estudantes façam uma leitura menos ingênua dos textos que recebem pelas redes sociais.

O quarto capítulo versa sobre a hibridização dos regimes de crença e a veridicção. Os textos trazem instruções de leitura. Assim, cada gênero tem um regime de crença e de veridicção próprios. As estruturas composicionais contêm pistas para reconhecer o regime de crença e de verdade proposto. Ora, a hibridização dos gêneros desestabiliza a percepção e a seleção do regime apropriado. A instabilidade dos gêneros (por exemplo, ficção na forma de documentário ou ensaio) produz interpretações enganosas. Quando se precarizam os gêneros, cria-se uma crise de credibilidade (por exemplo, na imprensa), dada a dificuldade de escolher o regime de crença e fazer julgamentos de veridicção. Esse conteúdo é fartamente ilustrado com exemplos das mídias.

Como se vê, este livro, dada a polarização e a crise de credibilidade que assolam nosso tempo, é uma das obras mais úteis publicadas por linguistas no Brasil. Ele ensina a não aceitar piamente as mensagens que se recebem nas redes sociais; a ler, de maneira crítica, as informações que nos chegam aos borbotões. É um livro proveitoso não só para os estudiosos da linguagem, mas para todos os que se preocupam em combater o que Umberto Eco chamava o "fascismo eterno", fundado na mentira, que não só falseia os fatos do mundo, mas pretende criar uma nova realidade. É um livro para todos os que lutam pela democracia. Nada poderia ser mais nobre neste momento.

São Paulo, num dia primaveril de 2024.
José Luiz Fiorin (USP)

POR UMA ARQUITETURA DO DISCURSO VERIDICTÓRIO: PROPOSTAS A PARTIR DE GREIMAS

DA VERDADE À VERIDICÇÃO

Algirdas Julien Greimas publicou pela primeira vez o artigo "O contrato de veridicção" em 1980, na revista *Man and World*. Dedicado à Paul Ricoeur, com o qual o semioticista lituano entretinha, naqueles anos, um diálogo profundo e complexo sobre a relação entre experiência e narração nas perspectivas semióticas e hermenêuticas (Marsciani, 2000), o texto passa sucessivamente a integrar a coletânea de ensaios *Du sens II*, publicado em sua versão original em 1983 e traduzido para o português por Dilson Ferreira da Cruz em 2014 (Greimas, 2014).

Ao lado de outros capítulos que compõem o livro (veja-se, em particular, "O saber e o crer: um único universo cognitivo"), "O contrato de veridicção" é um verdadeiro compêndio do pensamento greimasiano sobre a verdade. Nele, Greimas define as diretrizes fundamentais para uma abordagem semiótico-discursiva do problema. Logo no começo, ele reflete sobre o estatuto do verossímil, enquadrando-o dentro de uma nova perspectiva. Diferentemente de quem pensa a noção de verossimilhança a partir de uma perspectiva ancorada no senso comum (ou nos pressupostos epistemológicos de certa filosofia da linguagem, cf. Greimas, 2014: 116), o semioticista, diz Greimas, não deve se preocupar com adequação do discurso a um suposto referente externo, mas, sim, com sua capacidade de fazer crer, isto é, de construir e consolidar convicções individuais e/ou coletivas. Nesse caso, as perguntas que devem ser postas são outras: "Em quais condições aceitamos como verdadeiros os discursos dos outros? [...] O que o enunciador faz para que seu discurso pareça verdadeiro? Com quais critérios e procedimentos julgamos os discursos dos outros verossímeis?" (Greimas, 2014: 117).

Ou seja, em termos greimasianos, a verdade nada mais é do que um efeito de sentido. Razão pela qual é possível concluir que a sua produção:

> consiste no exercício de um fazer particular, *um fazer-parecer-verdadeiro*, isto é, a construção de um discurso cuja função não é o dizer-verdadeiro, mas o parecer-verdadeiro. Esse parecer não visa mais, como no caso da verossimilhança, à adequação ao referente, mas à adesão da parte do destinatário a quem se dirige, e por quem procura ser lido como verdadeiro. (Greimas 2014: 122, grifos do autor)

Para a semiótica, a verdade não é uma questão de fidedignidade, mas de fidúcia e eficácia discursiva. Ela deve ser estudada, portanto, levando em consideração as dinâmicas interacionais entre o enunciador e o enunciatário, que podem (ou não) levá-los a estipular um tipo específico de contrato, definido por Greimas como "contrato de veridicção". O enunciatário que o assina toma como verdadeiros os enunciados produzidos pelo enunciador que a ele se dirige.

Bem entendido: isso não significa negar a realidade concreta do mundo: que a Terra é redonda, que o fogo queima, que a água molha, que o SARS-CoV-2 existe e foi responsável pela morte de milhares de pessoas ao redor do globo. Significa, mera e simplesmente, definir e praticar um ponto de vista e uma abordagem epistemológicos segundo os quais o real é sempre o resultado de um processo de construção discursiva, regido por específicas relações de força e jogos de poder. Fornecendo um exemplo concreto, se os historiadores ou os jornalistas estão preocupados com o fato nu e cru (o evento x ou y realmente aconteceram, a notícia z diz algo comprovadamente verdadeiro?), os semioticistas se preocupam em desvendar as linguagens e as estratégias discursivas utilizadas para construir o fato enquanto "fato" aos olhos de alguém. Dito em outros termos, a pergunta que a semiótica se coloca não é "por que essa notícia é falsa?", mas "de que modo essa notícia, embora falsa, consegue se passar por verdadeira?". Um posicionamento que aproxima Greimas a outra figura central dos estudos semióticos do século XX: Umberto Eco, segundo o qual a semiótica poderia ser definida como a disciplina que estuda "tudo aquilo que pode ser usado para mentir" (Eco, 1975: 17).

É no bojo dessa perspectiva semiofilosófica que deve ser entendida a proposta de Greimas de construir uma tipologia capaz de dar conta das diferentes articulações do discurso veridictório, composta de quatro "modalidades", as assim chamadas "modalidades veridictórias", a saber: a verdade, a mentira, a falsidade e o segredo. Conforme postulado por Greimas, as quatro posições emergem do cruzamento entre os termos contrários e subcontrários que compõem a categoria semântica "ser" *vs* "parecer": a "verdade" é o resultado da sobreposição entre o "ser e o parecer" (o que é verdadeiro "parece ser" e "é", de fato, "verdade"); a "mentira" da sobreposição entre o "ser" e o "não parecer" (ela "parece verdade", mas "não é"); a "falsidade" da sobreposição entre o "não ser" e o "não parecer" (o falso, segundo Greimas, é tudo aquilo que "não parece ser" e "não é"); o "segredo" da sobreposição entre o "não parecer" e o "ser" (o que é segredo "é", mas "não parece", ou melhor, "não aparece", permanece oculto).

Aprofundaremos mais adiante, no segundo capítulo, tais categorias, assim como suas possíveis gradações. O que nos interessa, nesse primeiro momento, é explorar e, possivelmente, aprofundar a arquitetura do discurso veridictório a partir dos estudos seminais de Greimas. Para tanto, partiremos das duas macroestratégias de construção do efeito de sentido de verdade propostas pelo semioticista lituano na seção 4 de "O contrato de veridicção", intitulada "A manipulação discursiva": a camuflagem objetivante e a camuflagem subjetivante. A escolha dos termos *manipulação discursiva* e *camuflagem* está longe de ser trivial. Greimas frisa em diversos momentos de seu texto a componente "agonística", "polêmica" e "contratual" dos processos de comunicação que subjazem à construção semiótica da "verdade", isto é, que conduzem o enunciatário a acreditar naquilo que o enunciador diz. Afirma o estudioso:

> Se ao falar de veridicção empregamos o termo contrato não o fizemos em razão de um sentido metafórico qualquer, mas pelo fato de a comunicação da verdade estar fundada na estrutura da troca que a suporta, pois, por mais elementar que seja a permuta de dois objetos de valor [...] ela pressupõe o conhecimento do valor dos valores trocados, sendo que o "conhecimento do valor" nada mais é que o saber-verdadeiro sobre os valores-objetos. A negociação que precede, recobre e condiciona a operação gestual de troca se apresenta, então, como um fazer persuasivo que tem diante de si um fazer interpretativo inverso e igualmente exigente. Entretanto, esses dois discursos cognitivos que, com a ajuda de um saber-fazer apropriado, manipulam de maneira diferente o saber sobre os valores, constituem apenas os preliminares da troca, que só se efetiva após a conclusão do contrato. Ora, embora esse contrato se apoie nos resultados do fazer cognitivo, ele próprio não é de natureza cognitiva, mas *fiduciária*. (Greimas 2014: 124)

E prossegue Greimas: "na era da manipulação em que vivemos, a distância entre a verdade e a certeza, entre o saber e o crer, é particularmente visível" (Greimas, 2014: 124). Palavras que, mais uma vez, nos lembram de como, na perspectiva da semiótica discursiva, refletir sobre a verdade significa, necessariamente, refletir sobre os processos de construção das crenças. Pois, semioticamente falando, a verdade, poderíamos dizer parafraseando Aristóteles (1998), "não é", mas "se diz de muitos modos". Tarefa do semioticista é explicitar o funcionamento dessas maneiras. Nesse sentido, ela tem um escopo político-pedagógico: ao mostrar as estratégias utilizadas para construir o *fazer-parecer-verdadeiro*, ela busca conscientizar sobre os procedimentos que podem, ou não, conduzir o corpo social a crer em um dado discurso, seja este verdadeiro, seja mentiroso. Como conclui Greimas em seu ensaio dedicado a Ricoeur, com palavras de extrema atualidade, que parecem antecipar as reflexões acadêmicas sobre as ondas de desinformação às quais temos assistido nas primeiras décadas do século XXI, "a sociedade da descrença se deixa submergir por vagas de credulidade, se deixa tomar por discursos políticos didáticos, publicitários, de modo que o saber adquirido sobre as armadilhas do saber se mostra um antídoto absolutamente ineficaz" (Greimas, 2014: 124). É nossa intenção, neste livro, iluminar essas armadilhas, na intenção de fazer da semiótica, se não um antídoto, uma lente que nos permita enxergar as astúcias do "fazer crer".

AS ESTRATÉGIAS DO PARECER VERDADEIRO

Se a produção do efeito de sentido de verdade é um processo agonístico e polêmico, conclui-se que seu êxito depende da eficácia do fazer manipulativo do enunciador. Em particular, de acordo com o pensamento de Greimas, a construção do simulacro de verdade está intimamente ligada à representação do destinatário feita pelo destinador, "artífice de toda manipulação e responsável pelo sucesso ou fracasso de seu discurso" (Greimas, 2014: 122).

Como antecipamos, Greimas identifica dois tipos de manipulação discursiva por meio dos quais o destinador procura fazer o destinatário aderir ao seu discurso: a camuflagem objetivante e a camuflagem subjetivante, baseadas em diferentes procedimentos enunciativos relativos à categoria de pessoa.

Vale precisar que a manipulação discutida por Greimas em "O contrato de veridicção" difere da manipulação que o autor explora e situa no nível narrativo do Percurso Gerativo de Sentido. Ali, o termo *manipulação* configura a primeira fase do "Esquema narrativo canônico", que compreende também a *competência*, a *performance* e a *sanção*. Na "manipulação narrativa", abordam-se as maneiras por meio das quais um sujeito leva outro sujeito a querer e/ou dever fazer alguma coisa. A teoria que sustenta esse raciocínio é a teoria das modalidades, baseada, por sua vez, nos verbos modais das línguas naturais (saber, poder, dever, querer, etc.) e em tipologias específicas de persuasão (tentação, intimidação, sedução e provocação, para citarmos aquelas mais tradicionalmente estudadas em âmbito semiótico, cf. Barros, 2011a); na "manipulação discursiva", ao contrário, o processo de manipulação envolve outros procedimentos, que concernem, dessa vez, o nível da sintaxe discursiva do Percurso Gerativo e, em particular, os modos de manifestação (ou não manifestação) do sujeito no discurso, isto é, nos termos de Greimas, a debreagem actancial enunciava e a debreagem actancial enunciativa (Greimas e Courtés, 2008; Fiorin, 1999). Dado que reforça, mais uma vez, como, para Greimas, o sentido nunca é "dado", mas configura-se, em todos os seus níveis de articulação, um verdadeiro campo de disputa.

A camuflagem objetivante

A camuflagem objetivante consiste no apagamento, no enunciado, de todas as marcas do sujeito da enunciação. Trata-se, segundo Greimas, de um discurso que, para ser aceito,

> Procura parecer não o discurso de um sujeito, mas o puro enunciado das relações necessárias entre as coisas, e para isso apaga, tanto quanto possível, todas as marcas da enunciação. Um enunciado como *a terra é redonda* certamente pressupõe, como sabemos, o *eu digo que... eu sei que... eu estou certo que... a terra é redonda.* Isso não impede que todo esse suporte enunciativo, que insere o enunciado no contexto de uma comunicação corriqueira, seja oculto para, a rigor, deixar transparecer apenas o impessoal, "*é verdade que...*", o qual o espera que o modalize, conferindo-lhe toda objetividade. (Greimas, 2014: 123)

Estamos diante, neste caso, de um procedimento discursivo que busca apresentar a realidade "assim como ela é", construindo verdades supostamente "dadas" e "indiscutíveis". Tal efeito de objetividade ancora-se em uma *debreagem actancial enunciva*, que esconde sujeito da enunciação (como nos enunciados "estudos mostram que", "sabe-se que", "demonstrou-se, nesta pesquisa") garantindo, assim, ao enunciado, uma aura de objetividade factual. Exemplos desses discursos são, como veremos, o discurso científico e o discurso jornalístico, mais especificamente àquele dos gêneros típico da esfera da informação.

A camuflagem subjetivante

No discurso que adota a estratégia da "camuflagem subjetivante", ocorre o oposto: o sujeito da enunciação faz questão de mostrar sua presença e seu papel, apresentando-se como um "eu fiador da verdade" (Greimas, 2014: 123). Ao ser incorporado ao discurso, o enunciador assume também o papel de narrador, a quem cabe convencer os seus destinatários da veracidade de seu discurso em primeira pessoa. A debreagem utilizada na camuflagem subjetivante é a *debreagem actancial enunciativa*, que projeta o "Eu" no enunciado ("Eu penso isso", "Eu acredito nisto e naquilo", "Eu estava lá, ontem, quando choveu"). Os efeitos gerados por essa operação são dois: um efeito de subjetividade e um efeito de proximidade, que visa construir um contato direto entre enunciador e enunciatário (Fiorin, 1999: 45). Alguns discursos que se servem desse recurso são os editoriais de opinião e, como mostraremos adiante, o testemunho.

Greimas (2014) também sugere que, na camuflagem subjetivante, o enunciador pode conferir ao seu discurso um caráter anagógico, delineando-se como um sujeito capaz de ler e comunicar algo que para a maioria é obscuro, complicado ou mesmo inacessível, secreto. Trata-se de um aspecto interessante, que diz respeito às estratégias de construção discursiva da figura e dos argumentos de autoridade, isto é, de alguém que fala com base em conhecimentos profundos sobre aquilo que está sendo debatido (Fiorin, 2015). Voltaremos posteriormente a tratar desse assunto.

AS CATEGORIAS DOS DISCURSOS VERIDICTÓRIOS OBJETIVANTES E SUBJETIVANTES: UMA PRIMEIRA PROPOSTA

A partir dessas primeiras diretrizes, bem como de análises desenvolvidas alhures (Demuru et al, 2022), propomos, aqui, uma complexificação do modelo greimasiano antes apresentado. Em particular, identificamos um rol de macrocategorias comuns às duas operações de camuflagem postuladas pelo semioticista lituano, a saber: os *procedimentos*, os *gêneros* e os *atores*. Tais categorias desdobram-se, por sua vez, em subcategorias próprias para a camuflagem objetivante e a camuflagem subjetivante. Haverá, assim, procedimentos, gêneros e atores próprios para ambas as camuflagens.

Ressaltamos que a presente proposta é de natureza exploratória. Neste momento, o nosso objetivo é construir as bases de um modelo teórico-metodológico que possa ser utilizado por pesquisadores de diversos campos científico-disciplinares, bem como por profissionais do jornalismo e da educação, para compreender e explicar os mecanismos de construção do discurso veridictório, isto é, para desvendar os caminhos linguísticos-semióticos que levam à consolidação das crenças coletivas. Não entraremos, portanto, em detalhes, em cada uma das categorias identificadas, nem nos deteremos em casos específicos, remetendo, quando pertinente e necessário a estudos já desenvolvidos. Trata-se, aqui, de expor um conjunto de hipóteses gerais, na esperança de construir, futuramente, um quadro conceitual ainda mais exaustivo, articulado e refinado.

A CONSTRUÇÃO DA VERDADE

Por se tratar de uma primeira estruturação, não temos, aqui, propósito algum de exaustividade. As operações e as tipologias antes elencadas, assim como aquelas que vamos doravante discutir, não são, provavelmente, às únicas possíveis. Seguindo os princípios do método hipotético-dedutivo da semiótica de Greimas, formulamos aqui algumas hipóteses com base na recorrência de estratégias discursivas veridictórias em *corpora* de *fake news* previamente analisados (Demuru et al, 2022; Demuru, 2020), bem como em outros ainda em fase de análise, entre os quais um banca de dados de 1863 notícias falsas compartilhadas entre janeiro e agosto de 2020 no Brasil, na Itália e nos Estados Unidos, checadas por agências de checagem da rede International Fact Checking Network (IFCN).[1] Outras tipologias poderão ser ainda identificadas, complementando o desenho traçado neste capítulo.

Além disso, as categorias apresentadas não devem ser entendidas como estanques. Em muitos casos, as camuflagens objetivante e subjetivante estão presentes e atuam conjuntamente no mesmo discurso, tecendo uma trama complexa de sobreposições, cruzamentos, idas e vindas. O tratamento separado que daremos aqui a cada uma deve-se a razões puramente metodológicas e didáticas, para que o leitor possa entender claramente como se configuram e operam tais mecanismos. Uma das tarefas a serem posteriormente enfrentadas será justamente analisar as suas interseções.

Dito isso, comecemos nossa jornada com a definição dos termos-conceitos de *procedimento*, *gênero* e *ator* comuns às camuflagens objetivante e subjetivante. Em seguida, passaremos à identificação e à descrição dos procedimentos, dos gêneros e dos atores próprios dos dois tipos de discurso.

Procedimento

Utilizamos o termo *procedimento* para nos referir a duas operações enunciativas específicas:

1. A primeira diz respeito à projeção da categoria de pessoa-enunciador no discurso, ou seja, às duas debreagens (enunciativa e enunciva) que regem as camuflagens objetivante e subjetivante. Como vimos, no caso da camuflagem objetivante, o procedimento

enunciativo de fundo é a debreagem actancial enunciva, que oculta todas as marcas da enunciação no enunciado. No caso da camuflagem subjetivante, temos uma debreagem enunciativa, que marca de maneira explicita à presença do enunciador.

2. A segunda operação tange aos mecanismos de construção e convocação do enunciatário, não diretamente abordados por Greimas, mas tão importantes quanto os anteriores. No caso da camuflagem objetivante, da mesma forma como acontece com o enunciador, temos um apagamento do enunciatário, cuja identidade pronominal, gênero e número permanecem indefinidos a fim de dar destaque ao fato (ou suposto fato) apresentado no texto. No caso da camuflagem subjetivante, aprecia-se um mecanismo de tipo oposto. O enunciatário é diretamente convocado pelo enunciador, com o escopo de estabelecer um contato direto e fortalecer um vínculo de proximidade entre os dois.

Gênero

Ao identificar os procedimentos enunciativos de fundo das camuflagens objetivante e subjetivante, Greimas abre espaço para refletir sobre os gêneros discursivos próprios de cada operação. Seguindo a perspectiva de Bakhtin (2003), entendemos os gêneros discursivos como tipos de enunciados relativamente estáveis que são influenciados social e historicamente e empregados em diferentes contextos de uso da linguagem (cf. Fontanille, 1999; Fiorin, 2016; Gomes, 2019). Em outras palavras, são formas convencionais que guiam as interações comunicativas. No contexto da camuflagem objetivante, os gêneros mais comuns, visando conferir uma aparência de objetividade aos enunciados, incluem gêneros próprio da esfera do discurso jornalístico (informativo), assim como daquela dos discursos científico e jurídico, amplamente estudados em semiótica (Violi e Lorusso, 2004; Greimas, 1976; Fabbri e Latour, 2000). Já os gêneros predominantes nos discursos que se baseiam na camuflagem subjetivante incluem, por exemplo, o testemunho (Coviello, 2015; Filinich, 2017) e o comentário.

Ator

Identificamos como *atores* os "protagonistas" (humanos ou não humanos, explícitos e implícitos) do discurso subjetivante ou objetivante. Tal definição funda-se na noção semiótica de "ator", a não ser confundida com aquela de "actante". Conforme lembra Bertrand (2003: 307), o actante é

> uma pura figura sintáxica, [que] existe apenas nos programas que o colocam em jogo; o ator – que outros denominam personagem – é uma figura mais complexa, porque é constituída ao mesmo tempo de componentes semânticos (de ordem figurativa e temática: um cavaleiro, por exemplo, que se denomina Percival, etc.) e de componentes sintáxicos: um ou vários papéis actanciais.

Seguindo Greimas, pode-se complementar que os atores estão amiúde relacionados a "papéis temáticos" específicos, entendidos como funções narrativas histórica, social e culturalmente sedimentadas, atreladas a conjuntos de valores semânticos mais ou menos definidos e revestidas, no nível discursivo do Percurso Gerativo de Sentido, de precisos traços figurativos (o pescador, o padre, o ladrão, o médico, o professor, entre outros, cf. Greimas e Courtés, 2008: 495). Demuru et al (2022) identificam como atores caraterísticos da camuflagem subjetivante a "pessoa comum" e o "especialista", cujo discurso se baseia em um suposto domínio técnico do assunto em debate. Em relação à camuflagem objetivante, o reconhecimento dos atores torna-se mais desafiador, pois o discurso impessoal, pela própria natureza, mascara deliberadamente o sujeito da enunciação. Pode-se argumentar, nesse caso, que os protagonistas dos enunciados objetivantes não são os sujeitos da enunciação pressupostos pelos enunciados, mas, sim, os sujeitos e objetos apresentados neles. Por exemplo, em um enunciado como "estudos comprovam a eficácia da cloroquina na cura da covid-19", o protagonista seria o próprio estudo. Da mesma forma, em uma declaração que afirma: "eis a prova da falsificação da morte de fulano e sicrano", o ator central seria "a prova" apresentada. Mas há também espaço para a identificação de atores impessoais mais indefinidos, como o próprio "senso comum" (como nas expressões "diz que...", "A ciência diz").

O DISCURSO VERIDICTÓRIO OBJETIVANTE

Muito utilizado na composição das *fake news* divulgadas cotidianamente nas redes sociais, o discurso veridictório objetivante constrói a imagem de uma realidade "pura", que retrata e apresenta, aos olhos dos destinatários, "o mundo como ele é". Para tanto, ele mobiliza os seguintes recursos.

Procedimentos objetivantes

Como antecipamos, os procedimentos do discurso veridictório subjetivante tangem às estratégias de apagamento do enunciador e do enunciatário no enunciado. Chamamos a primeira de *discurso impessoal* e a segunda de *discurso designativo*.

O DISCURSO IMPESSOAL

O primeiro procedimento objetivante é o *discurso impessoal*, relativo à projeção, ou melhor, à não projeção do enunciador no enunciado.

Conforme apresentado por Greimas, a camuflagem objetivante funda-se em uma debreagem actancial enunciva, ou seja, no ocultamento das marcas da categoria da pessoa no discurso. Tomemos como exemplo o texto abaixo, divulgado em 23 de janeiro de 2020 no *Jornal Extra*.

> Sopa de morcego pode ter disseminado coronavírus na China. A disseminação do coronavírus entre humanos na China pode ter origem em morcegos e cobras, como sugere uma análise genética do patógeno que até agora causou 25 mortes e a infecção de mais de 600 pessoas. Não está claro, entretanto, como o vírus se espalhou entre humanos. Surgiu a suspeita de que o "link" entre os morcegos e as pessoas seja uma sopa que seria consumida em Wuhan, o principal foco do coronavírus e que está isolado. A sopa é feita com morcego que se alimenta de frutas. Imagens da iguaria se multiplicaram nas redes sociais após o início da propagação do vírus, contou o *Daily Star*. (Fonte: International Fact-Checking Network – IFCN)

Quem é o enunciador desse texto? Quem está proferindo ou proferiu, em algum momento, estas palavras? A essa pergunta poderíamos responder, de maneira um tanto óbvia, porém superficial, dizendo que esse sujeito (o enunciador pressuposto) seria o próprio *Jornal Extra*. No entanto, não é este o nível de análise que aqui nos interessa explorar. O dado relevante para a presente pesquisa é outro: não há, no enunciado, nenhum rastro do sujeito enunciador. Quem fala é uma pessoa indefinida que se oculta atrás de que está sendo relatado, na intenção de lhe conferir destaque.

Vejamos um outro exemplo de *fake news*, divulgada em 4 de abril de 2020, que faz uso do mesmo recurso.

> EUA descobriu o homem que fabricou e vendeu o vírus de Corona à China. Chama-se Dr Carles Lieber chefe do departamento de química e biologia na Universidade de Havard, EUA. Acabou de ser preso hoje segundo fontes do departamento Americano... (Fonte: IFCN)

Não temos, aqui, nenhuma manifestação do enunciador no enunciado. O texto expõe apenas um "fato": a descoberta da pessoa que teria supostamente criado o novo coronavírus, a qual teria sido presa pelo governo norte-americano. A eliminação das marcas enunciativas produz um efeito de objetividade. Mais do que isso: o que ganha forma é uma correspondência direta e imediata com o "real", com o "mundo verdadeiro" ao qual as palavras se referem. Tal efeito depende do distanciamento entre a enunciação e o enunciado, que lhe confere, por sua vez, um estatuto de absoluta neutralidade. Não temos, no caso do discurso impessoal, nenhuma aproximação entre as duas instâncias. Pelo contrário, o que a camuflagem objetivante visa é a construção de um discurso constituído apenas por enunciados. Empregar a forma reflexiva (como na seguinte frase: *observa-se uma relação direta entre a difusão da sopa de morcego e aquela do coronavírus*) ou a terceira pessoa (*é importante ressaltar que há uma relação direta entre a difusão da sopa de morcego e aquela do coronavírus*) "consiste em esvaziar a pessoa de toda subjetividade e realçar uma objetivização, isto é, sublinhar o papel social em detrimento da individualidade" (Fiorin, 2022: 34).

O DISCURSO DESIGNATIVO

Ao mesmo tempo que apaga as marcas da pessoa no enunciado, o discurso veridictório baseado na camuflagem objetivante oculta também aquelas do enunciatário. Diferentemente do que acontece no discurso veridictório subjetivante, onde, como veremos mais adiante, o enunciatário é muitas vezes convocado e se faz presente de várias formas no enunciado, temos, aqui, o seu ocultamento. O texto construído segundo essa lógica parece não se dirigir a ninguém em particular. Eles aparentam não ter público, ou não se importar com ele. Pelo contrário, falam por si só:

> Informações do Portal da Transparência dos Registro Civis demonstram que o coronavírus não fez crescer o número de mortes por causa respiratória no Brasil. (Fonte: IFCN)

> Alemanha envia cobrança de 130 bilhões de libras à China por danos causados pelo coronavírus. (Fonte: IFCN)

Assim como nos exemplos trazidos no item anterior, os textos acima não aparentam se dirigir a nenhum destinatário específico. Bem entendido, é claro que eles têm um leitor-modelo implícito (cf. Eco, 1975), isto é, um público de referência, por assim dizer, que compartilha o mesmo universo de competências, valores, crenças e expectativas (as pessoas que acreditam que os danos causados pelo novo coronavírus não tenham sido assim tão graves, que ele tenha sido criado pela China, e assim por diante). No entanto, esse enunciatário (o tu, o você ou o vocês) para quem eles falam não é manifestado de maneira explícita no texto.

Estamos diante de um discurso em certo sentido "autorreferencial", cujo escopo parece ser "designar", de maneira objetiva, direta e, sobretudo, fiel, uma certa realidade. Chamamos esse discurso de *discurso designativo*. Na esteira de Greimas e Courtés (2008: 130), usamos o termo "designação" para indicar uma operação discursiva que estabelece a "existência de uma relação entre o signo linguístico e o mundo natural".[2]

O discurso designativo aponta "fatos". Não utiliza subterfúgios retóricos-discursivos para seduzir um possível destinatário, chamando-o diretamente em causa e quem sabe enaltecendo suas "qualidades". Ele "descreve" e "informa". O foco recai totalmente sobre o que está sendo "designado". Assim, o discurso designativo torna-se uma ferramenta eficaz para a constatação, por parte de quem lê, de evidências concretas, que não deixam espaço para interpretações ou avaliações de caráter subjetivo, como na seguinte mensagem:

> Sem isolamento: 177 mortes em Minas Gerais. Com isolamento: 5365 mortes em São Paulo. (Fonte: IFCN)

Pouco importa que, nas diversas *fake news* que se servem desse recurso, o contexto dos dados seja omitido. O que vale é o "fato" que está sendo reportado.

Cabe ressaltar que o uso da designação enquanto estratégia discursiva produtora de um efeito de verdade não é uma prerrogativa única de textos verbais. Ela é observada também em textos sonoros, visuais e a audiovisuais. Durante os primeiros meses da pandemia de covid-19, por exemplo, era comum se deparar com fotografias e vídeos, muitas vezes acompanhados de legendas que descreviam seu conteúdo, que mostram, supostamente, uma cena real. É o caso da imagem, verificada por diversas agências de checagem, que ostentava os leitos vazios de um hospital de campanha, na intenção de revelar a "verdade" sobre a covid-19.

Mais uma vez, o que temos, aqui, é a indicação (visual, nesse caso) de uma aparente realidade. A foto não apela para o enunciatário. Ela não fala para ninguém em particular; é mera e simplesmente uma "prova". Conclui-se, daqui, que o discurso designativo cria o simulacro de uma conexão direta entre o "texto" e a "realidade", estabelecendo, para dizê-lo nos termos de Charles Sanders Peirce, a ilusão de uma relação de indexicalidade entre dos dois (cf. Santaella, 2002).

Gêneros objetivantes

No *corpus* de *fake news* até agora considerado, que serviu como base para a formulação de nossas hipóteses, percebemos a recorrência de alguns gêneros próprios de duas esferas discursivas caracterizada pelo uso constante da camuflagem objetivante: a esfera do *discurso científico* (ou seria talvez o caso de dizer "pseudocientífico"?) e a esfera do discurso *informativo*.

GÊNEROS CIENTÍFICOS

A primeira esfera discursiva objetivante é aquela do discurso científico. Os textos desinformativos produzidos segundo esse cânone servem-se das mesmas artimanhas utilizadas em artigos e tratados de natureza científica. Também baseados, na grande maioria dos casos, no discurso impessoal e/ou na terceira pessoa, eles lançam mão de uma verdadeira "retórica da ciência" (cf. Fabbri e Latour, 2000), por meio da qual buscam construir sua credibilidade. Além da debreagem actancial enunciva, o discurso científico mobiliza diversos outros recursos e estratagemas discursivos para alcançar esse objetivo. Não temos espaço, nem é nossa intenção aprofundarmos, aqui, esse tema. Nosso escopo é esboçar um quadro geral que indique as estratégias de fundo do discurso veridictório mais utilizado na desinformação contemporânea. Dito isso, apresentemos e analisemos rapidamente os seguintes exemplos a fim de explicitar a lógica de fundo do discurso científico:

> O chá de erva-doce tem a mesma substância que o medicamento TAMIFLU, o remédio usado para tratar a gripe H1N1. Aconselha-se tomar o chá após as refeições. Recomenda-se tomar de 12 em 12 horas. (Fonte: IFCN)

> O Center for Disease Control do governo dos EUA oficializou as evidências científicas emergentes sobre a transmissão do coronavírus:
> 1. Risco muito baixo de transmissão a partir de superfícies.
> 2. Risco muito baixo de atividades ao ar livre.
> 3. Risco muito alto de reuniões em espaços fechados, como escritórios, locais para cultos religiosos, salas de cinema ou teatros.

> Outros dados interessantes, a carga viral necessária para iniciar a doença é ~ 1000 partículas virais (vp).
> 1. Respiração: ~ 20 vp / minuto
> 2. Fala: ~ 200 vp / minuto
> 3. Tosse: ~ 200 milhões de vp (o suficiente pode permanecer no ar por horas em um ambiente mal ventilado)
> 4. Espirro: ~ 200 milhões vp
> 5. Estar próximo de alguém (com ~ 2m de distância): baixo risco se o limite for inferior a 45 minutos. (Fonte: IFCN)

O primeiro texto é inteiramente falso. O segundo fornece algumas informações verdadeiras (risco mais alto de contrair a covid-19 em ambientes fechados), as quais, no entanto, estão baseadas em números não comprovados. Ambos utilizam uma linguagem técnica. O primeiro é construído segundo o cânone de um gênero textual específico: a bula de remédio. Nele, há uma comparação direta entre o chá de erva-doce e o medicamento Tamiflu, usado para tratar a gripe H1N1. Tal comparação estabelece uma associação entre o chá e um tratamento farmacêutico reconhecido, conferindo ao chá o mesmo poder de cura. Além disso, há indicações precisas sobre a posologia (tomar de 12 em 12 horas). O segundo texto é redigido segundo os princípios do artigo científico: apresenta estimativas da carga viral necessária para iniciar a doença em diferentes situações, utiliza termos e siglas que remetem à linguagem médica (~ 1000 particular virais, vp / minuto, etc.), quantifica e mostra dados objetivos que contribuem para a sensação de que as informações são baseadas em evidências sólidas. Além disso, há uma referência explícita ao Center for Disease Control (CDC), uma instituição de referência na área de saúde pública nos Estados Unidos. Ao citar as evidências científicas emergentes sobre a transmissão do coronavírus, o texto apela para a autoridade do CDC, atribuindo legitimidade às informações apresentadas. Percebe-se também uma ausência de ambiguidade e controvérsia, especialmente no segundo texto. As informações são apresentadas de forma direta e assertiva, sem dúvidas ou hesitações. Isso contribui para a percepção de que o conteúdo da mensagem é confiável e baseado em consensos científicos claros.

Ao adotar essas técnicas, próprias da "retórica da ciência" (Fabbri e Latour, 2000), o autor busca criar uma impressão de objetividade, rigor e credibilidade, características associadas ao discurso científico, mesmo que o conteúdo em si possa ser contestável ou envolver uma interpretação seletiva dos dados. Nos termos de Françoise Bastide, bióloga e semioticista que se dedicou a desvendar as engrenagens do discurso científico, podemos dizer que o caráter persuasivo de um texto pseudocientífico, tal qual como aqueles acima apresentados, consiste em reduzir as escolhas interpretativas a uma única possibilidade (Bastide, 2001: 242). Para eles a realidade é uma só: nua, crua, objetiva, indiscutível.

GÊNEROS INFORMATIVOS

A segunda esfera discursiva objetivante é aquela informativa. As peças desinformativas construídas segundo tais princípios produzem um efeito de verdade por imitarem o discurso jornalístico, em particular os textos emblemáticos de gêneros como a "nota" e a "notícia". Vejam-se as seguintes chamadas, corroboradas por imagens que emulam a estrutura retórica e plástico-figurativa de um site de notícias: (i) "Todos infectados pelo covid-19 estão curados em Blumenau-Santa Catarina, dentre eles um idoso de 72 anos" (Fonte: IFCN): (ii) "O isolamento pode piorar a situação, dizem pesquisadores de Harvard" (Fonte: IFCN).

Apesar de exibir um indício gramatical que desmascararia sua inveracidade – a ausência do artigo determinativo "os" entre "todos" e "infectados" –, o primeiro texto é uma suposta notícia que lança mão do discurso impessoal para expor um "fato" constatado: todos os habitantes de Blumenau que foram infectados pelo novo coronavírus estão curados. Mais uma vez, não há espaço para dúvidas. O que nos é apresentado é um mero "dado", uma realidade "nua" e "crua". Da mesma forma, o segundo texto, também do gênero "notícia", veicula uma suposta fala de pesquisadores da Universidade de Harvard, os quais teriam concluído, em suas pesquisas sobre a propagação do vírus, que o isolamento poderia agravar a pandemia. Como no caso anteriormente analisado, no qual citava-se o Center for Disease Control enquanto fonte dos dados discutidos na mensagem, temos aqui a referência a uma autoridade de renome internacional, a Universidade de Harvard, chamada em causa para conferir à notícia falsa uma maior credibilidade.

Além de imitar o estilo enunciativo típico dos gêneros da esfera do discurso informativo, o qual, ao ocultar as marcas da enunciação no enunciado, produz uma "impressão de objetividade e verdade" (Violi e Lorusso, 2004), os dois textos copiam também o arranjo plástico-figurativo de jornais realmente existentes: fontes e outros recursos topográficos, dimensões e posicionamento topológico da chamada, imagens (Oliveira, 2004), uso de fotografias que reforçam a impressão de realidade do suposto fato apresentado, como na primeira falsa matéria, em que aparece uma imagem de um médico em um laboratório, criando uma ancoragem com o discurso científico. Assim, ao construir uma equivalência visual entre o *layout* da *fake news* e aquele de uma notícia verdadeira publicada em veículos de imprensa tais quais *O Globo* ou *O Estado de S. Paulo*, essas escolhas garantem ao discurso desinformativo uma maior eficácia e um mais alto grau de persuasão.

Teremos ocasião, ao longo do livro, de voltarmos sobre o uso dos gêneros da esfera informativa para produzir efeitos de verdade, trazendo novos exemplos e considerações. Seguimos, agora, como o exame dos atores objetivantes.

Atores objetivantes

Identificamos três tipologias de atores que protagonizam o discurso veridictório baseado na camuflagem objetivante: a *prova*, a *autoridade anônima* e a *autoridade institucional*.

A PROVA

Qual seria o protagonista de um discurso veridictório que procura ocultar as marcas da pessoa nos enunciados que produz? O que se sobressai em textos de natureza descritiva, designativa, científicos e/ou informativos, cujo objetivo é apenas apontar e apresentar fatos e eventos tangíveis e concretos?

Em primeiro lugar, as suas "provas", isto é, algo que seja capaz de confirmar sua veracidade. Duas fotografias, divulgadas nos primeiros seis meses da pandemia de covid-19, entre março e junho de 2020, mostram, respectivamente, Fernando Haddad, ex-prefeito de São Paulo, e Wilson Wietzel, então governador do estado do Rio de Janeiro, ambos favoráveis às medidas de isolamento social, em momentos de suposto convívio. Na primeira imagem, Haddad parece comemorar sozinho seu aniversário, mas uma pilha de pratos, apontados por meio de uma seta vermelha, desmascararia a ficção da cena, encenada, conforme alude a legenda da foto ("Haddad em isolamento pelo Covid-19 comemora sozinho seu aniversário. Essas tralhas são especialistas em mentir"). Na segunda, Wietzel está sentado à mesa de um restaurante à beira-mar, localizado, como se afirma na legenda, em uma praia da cidade de Angra dos Reis: "FICA EM CASA. Enquanto isso, o Governador e seus seguranças estão curtindo Angra dos Reais e NEGOCIANDO DINHEIRO PÚBLICO. Como é fácil dominar uma população". Precisa-se que a expressão "Fica em casa" não é aqui utilizada como uma ordem dirigida ao enunciatário. Ela é apenas uma referência irônica ao *slogan* usado pelos defensores do isolamento social, que convidavam as pessoas a permanecerem em suas residências para evitar o contágio.

Ambas as imagens configuram, portanto, "provas" do conteúdo das mensagens divulgadas. E são essas provas que ocupam um lugar e desenvolvem um papel central na estrutura narrativa e discursiva dos textos.

No entanto, as "provas" não são apenas "evidências" concretas, como as fotos de Haddad e Wietzel, que se inscrevem no âmbito da esfera do discurso informativo, mas também os resultados de experimentos científicos como aqueles apresentados na seção anterior: dados que "comprovam" uma realidade (o dos pesquisadores de Harvard ou aqueles do CDC sobre a carga viral mínima para efetivar o contágio da covid-19: 1000 partículas virais [vp], etc.).

A camuflagem objetivante que põe as provas ao centro de seu discurso inscreve, portanto, em um regime de verdade que, de acordo com o modelo proposto por Landowski, poderíamos definir o da "verdade provada" (Landowski, 2022), fundado no processo veridictório da "demonstração".

A AUTORIDADE ANÔNIMA

Uma notícia falsa divulgada em janeiro de 2020 no site *Health Impact News* defende o uso de vitamina C como arma de combate à covid-19. Diz a matéria:

> A pandemia de coronavírus pode ser dramaticamente desacelerada, ou até mesmo interrompida, com o uso imediato e generalizado de altas doses de vitamina C. Médicos têm demonstrado a poderosa ação antiviral da vitamina C há décadas. Houve uma falta de cobertura midiática deste eficaz e bem-sucedido enfoque contra vírus em geral, e o coronavírus em particular. É muito importante maximizar a capacidade antioxidante do corpo e a imunidade natural para prevenir e minimizar os sintomas quando um vírus ataca o corpo humano. O ambiente do hospedeiro é crucial. Prevenir é obviamente mais fácil do que tratar uma doença grave. (Fonte: IFCN)

Além dos procedimentos enunciativos típicos da camuflagem objetivante, o texto em questão serve-se de outra estratégia discursiva a fim de produzir o efeito de sentido de verdade: o recurso a uma autoridade anônima e indefinida, chamada em causa para tornar seu conteúdo mais crível. Trata-se do sujeito "os médicos", presente na oração "Médicos têm demonstrado a poderosa ação antiviral da vitamina C há décadas". No entanto, em nenhum momento precisa-se quem seriam tais médicos, em que áreas eles atuam, qual é sua especialização. Trata-se de um estratagema recorrente. Não é raro, no contexto da desinformação contemporânea, deparar-se com mensagem como essa, que projetam, no texto, uma autoridade indeterminada: "especialistas afirmam que", "estudos recentes demonstram" e assim por diante.

Tal escolha cria uma aura de credibilidade, sem a necessidade de fornecer evidências concretas ou citar fontes específicas. Ao utilizar uma expressão vaga como essa, o texto busca evocar uma ideia de consenso ou de uma base ampla de apoio científico para a afirmação feita, nesse caso, sobre a eficácia da vitamina C no combate a vírus diversos, incluindo o novo coronavírus. Assim, o leitor é persuadido a aceitar a premissa apresentada sem questioná-la profundamente, aproveitando-se da confiança implícita e socialmente sedimentada no conhecimento médico e na autoridade dessa categoria de profissionais.

A AUTORIDADE INSTITUCIONAL

Uma outra estratégia amplamente utilizada para criar um efeito de objetividade é aquele de convocar autoridades institucionais de renome. É o caso das notícias falsas anteriormente analisadas, que projetam, no texto, uma série de "enunciadores delegados" (cf. Violi e Lorusso, 2004), aos quais é incumbido se pronunciar sobre determinados assuntos: o Center for Diseases Control, a Universidade de Harvard, ou também como na seguinte *fake news*: "Banco Mundial classifica o Brasil como melhor país no combate ao Covid-19" (Fonte: IFCN).

Nos termos da retórica clássica, tanto o recurso à autoridade anônima quanto à autoridade institucional configuram um *argumentum ad verecundiam*, ou *argumento de autoridade*. No argumento de autoridade, uma fonte confiável, que goza de boa reputação e pode-se dizer especialista em um tema preciso, é convidada a se pronunciar para reforçar as teses defendidas (Fiorin, 2015).

Trata-se de um ponto que pode ser semioticamente aprofundado, especialmente quando são convocadas autoridades institucionais como aquelas mencionadas anteriormente. Conforme apontam Fabbri e Latour (2000), o que temos, aqui, é a consolidação de um "crédito" que confere a tais atores não apenas o poder de "falar", mas aquele de "afirmar verdades", sendo instituídos como vozes irrefutáveis. Como defendem os autores, tal "direito de afirmar (autoridade intelectual) comporta um poder de convencimento que, graças à intermediação da fidúcia que [essa autoridade] suscita, funda, por sua vez, um novo direito (profissional) de afirmar" (Fabbri e Latour, 2000: 271).

O DISCURSO VERIDICTÓRIO SUBJETIVANTE

Neste tópico, vamos apresentar os procedimentos, os gêneros e os atores do discurso veridictório baseado na camuflagem subjetivante. Para tanto, partimos do estudo de caso desenvolvido por Demuru et al (2022), no qual os autores analisaram um *corpus* de *fake news* divulgadas, no Brasil, via mensagem de áudio em grupos públicos de WhatsApp entre março e junho de 2020 (durante os primeiros meses da pandemia de covid-19) e as atividades da Comissão Parlamentar de Inquérito sobre a covid-19 (a CPI da covid, que teve lugar entre abril-outubro de 2021). Os textos citados daqui em diante são extraídos do *corpus* contemplado nessa pesquisa.

Procedimentos subjetivantes

Os procedimentos do discurso veridictório subjetivante concernem ao modo como o enunciador se faz presente no discurso, bem como às estratégias de convocação do enunciatário por ele utilizadas. Dois são os procedimentos mais recorrentes: o *discurso em primeira pessoa* e o *discurso interpelativo*.

O DISCURSO EM PRIMEIRA PESSOA

Veja-se a transcrição do seguinte áudio, divulgado entre 16 de março e 15 de junho de 2020, no qual uma mulher narra a sua experiência na Alemanha diante do avanço da pandemia de covid-19 e traça um paralelo com a situação política e climática brasileira:

A CONSTRUÇÃO DA VERDADE

> Acabei de ver uma postagem e a Alemanha tem hoje quase trinta mil casos e pouco mais de 120 mortos, dando 0,42 por cento. Por quê? Deixa eu falar porque eu vivo aqui na Alemanha, trabalho na área de geriatria aqui na Alemanha e vou dizer para vocês o porquê. O porquê é que nós não temos uns governadores corruptos, nojentos, maldosos, impiedosos, frios, desumanos, calculistas... E vou dizer: aqui é frio, está frio, eu estou a dizer, frio. Por quê? [...] Levanta povo, vocês têm tudo que tem de mais abençoado no mundo: o sol, a vitamina D. Não ouvem (*sic*) o que estes governadores estão a dizer. (Fonte: IFCN)

Temos aqui um exemplo emblemático do funcionamento e dos efeitos produzidos pelo discurso em primeira pessoa, fundado, nos termos de Greimas, em uma debreagem actancial enunciativa. Ao projetar e explicitar um "Eu" que se posiciona, ao mesmo tempo, como protagonista da enunciação e do enunciado, essa operação promove um efeito de subjetividade, conferindo a esse tipo de texto uma aura de autenticidade e confiabilidade, especialmente se comparada àqueles dos meios de comunicação tradicionais. Mais do que isso: o que se observa, nesses casos, é a elevação de uma verdade "individual" (*Deixa eu falar porque eu vivo aqui na Alemanha, trabalho na área de geriatria aqui na Alemanha e vou dizer para vocês o porquê*) a uma verdade "factual", supostamente "objetiva" e válida "para todos": o vírus da covid não é tão grave quanto dizem, ele não sobrevive no calor, o problema não é epidemiológico, mas político, como sugere o "Eu" do enunciado acima, que responsabiliza os "governadores corruptos" do Brasil por terem promovido medidas de distanciamento físico como forma de combate à covid-19.

Dessa forma, pode-se dizer que o discurso veridictório em primeira pessoa dá lugar a um regime de crença que depende, por um lado, de uma tomada de posição específica do enunciador com relação àquilo que é informado ("eu sei do que estou falando", "garanto para vocês que é disso que se trata") e, por outro, da identificação do enunciatário. Temos, portanto, um problema de *ethos* e estilo (Discini, 2003), cuja construção busca, conforme sugerido por Greimas, a confiança daqueles que escutam, que pode se traduzir, caso o discurso do enunciador seja exitoso, na "assinatura" de um contrato de veridicção que se configura, antes de tudo, como um contrato de fidúcia entre as partes. Isso pode ser feito, pelo enunciador que fala em primeira pessoa, tanto destacando suas supostas "qualidades" (honestidade, sinceridade, simplicidade, por exemplo) quanto realçando os valores compartilhados pelo público ao qual ele se dirige.

O DISCURSO INTERPELATIVO

O segundo procedimento do discurso veridictório subjetivante é o *discurso interpelativo*, intimamente atrelado ao discurso em primeira pessoa. De fato, quando há um "eu" que marca de modo explícito sua presença no enunciado, naturalmente há também uma segunda pessoa (singular ou plural) para quem tal "eu" se dirige.

No que definimos aqui como *discurso interpelativo*, a segunda pessoa é convocada e manifestada diretamente no discurso, no qual se faz tão presente quanto a primeira. Isso é feito com frequência pelo uso de vocativos. Há um chamado direto ao destinatário da comunicação, resultando em um efeito de proximidade e envolvimento desejado pelas postagens. Essa interpelação frequentemente assume a forma de apelos permeados por um senso de urgência, que busca instigar uma resposta imediata do destinatário. Veja-se o exemplo a seguir:

> Para, pelo amor de Jesus Cristo! Vocês sejam guerreiros, sejam valentes! Levantam (*sic*) a vossa bandeira, levantam o estandarte da nação brasileira! [...] Reage pelo amor de Deus, reagem! [...] Acordapovo, pelo amor de Jesus Cristo! [...] Reajam, pelo amor de Jesus Cristo. (Fonte: IFCN)

Carregadas de expressões assertivas e exortativas como "reajam", "olhem aqui", "vejam isso" e "estou te falando", essas mensagens possuem uma "força ilocutória" (cf. Austin, 1975) capaz de envolver seus destinatários no discurso, conferindo-lhes um papel de cotestemunhas e coprotagonistas da história que está sendo narrada. Assim, o indivíduo é levado a acreditar que possui um papel crucial a ser desempenhado nesse contexto discursivo. Essa interpelação direta facilita a identificação do destinatário com o remetente, criando uma ilusão de proximidade entre eles, o que fortalece o vínculo de confiança no enunciador.

A CONSTRUÇÃO DA VERDADE

Vislumbra-se, aqui, uma das possíveis contribuições da semiótica aos estudos sobre desinformação desenvolvidos, hoje, nos mais diversos âmbitos disciplinares. As escolhas semiolinguísticas antes descritas podem contribuir, pois, para detalhar o funcionamento da assim chamada prática do *Call to action*, apontada por muitos pesquisadores como uma das principais formas de motivar os usuários a compartilharem conteúdos enganosos (Soares et al, 2021), embora, muitas vezes, sem uma análise dos mecanismos discursivos empregados. A esse propósito, a inclusão no enunciado de um pronome como "você", assim como de quaisquer outros vocativos, é capaz de não apenas estabelecer um vínculo próximo e direto entre destinador e destinatário, mas também de mobilizar este último de formas diversas, tanto emocional (como um sujeito que sente) quanto pragmaticamente (como um sujeito que faz, ou melhor, que compartilha), como mostra a mensagem abaixo:

> Meus amigos, hoje, 3 de setembro de 2021. Às 17.14. Por aqui é o Chicão caminhoneiro. Pessoal preste atenção, preste atenção, muito importante, aviso superimportante que tá vindo diretamente das lideranças que estão lá em Brasília. Atenção pessoal, distribua esse áudio com urgência para todo o movimento. (Fonte: IFCN)

Gêneros subjetivantes

Dois são os gêneros que identificamos, nessa fase da pesquisa, como caraterísticos do discurso veridictório subjetivante: o *testemunho* e o *comentário*.

O TESTEMUNHO

No testemunho, temos um enunciador-narrador que assegura ter presenciado, visto, vivido, experienciado um dado acontecimento (que, como costuma acontecer no discurso desinformativo, estaria sendo contado de maneira errada por outros agentes, em particular as mídias tradicionais):

> Eu sou chefe de rotina do Hospital Ronaldo Gazolla. Eu vim aqui para dar uma boa notícia para vocês. E isso aí não é notícia que eu estou dando baseado no que eu li ou no que eu escutei. Não, é baseado na minha experiência. Eu tô virado trabalhando 24h por dia desde domingo. Desde

segunda-feira nós temos 4 pacientes e nenhum óbito. Por favor, voltem ao trabalho. Não existe o vírus matar pessoas abaixo de 40-45 anos. O vírus não se replica no calor. (Fonte: IFCN)

Como mostra o texto, o testemunho atribui um valor primordial à experiência do enunciador. O efeito de verdade é conferido, neste contexto, pela ilusão promovida pelo enunciador-narrador de um contato direto com a "realidade", uma realidade à qual ele teria ou teve acesso privilegiado. A desinformação disseminada é percebida como "real" e "verdadeira" porque aquele que enuncia afirma estar vendo, ou ter visto, "com seus próprios olhos".

Aqui é onde reside a essência poderosa do testemunho: na incorporação da subjetividade e suas nuances em um discurso que se apresenta como "objetivo" e "imparcial" (cf. Coviello, 2015). A perspectiva da testemunha, supostamente imersa, em algum momento de sua vida, nos eventos por ela descritos, em seu "aqui" e "agora", emerge, assim, como "objetivamente verdadeira": não aparece apenas uma visão individual, mas como um "fato" indiscutivelmente "real". Em outras palavras, conforme destacado por Filinich (2017: 139), no contexto do testemunho, "o eu inserido no discurso assume um caráter de instância coletiva, pois se trata de dar conta de uma experiência plural que excede os limites do eu".

O COMENTÁRIO

No comentário afirma-se um ponto de vista sustentado em provas e informações supostamente comprovadas, em estudos e pesquisas apontadas como absolutamente confiáveis ou até mesmo em testemunhos de terceiros. Trata-se de um gênero discursivo muito próximo àquele dos comentaristas televisivos e/ou dos colunistas de revistas e jornais impressos, que opinam sobre as pautas do dia.

> Primeiro, eu sou militar da reserva, da aeronáutica. O que acontece em relação à intervenção militar: nós precisamos entender que em 35 anos de governo de esquerda as forças armadas foram aparelhadas [...]. Todos que estão na ativa hoje são esquerdistas [...]. Todos eles são inimigos do presidente [...]. Não tem um com a capacidade do presidente de resolver e de tomar a frente. (Fonte: IFCN)

Atores subjetivantes

Dois dos atores mais presentes no discurso veridictório subjetivante da desinformação contemporânea são o *especialista* e a *pessoa comum*.

O ESPECIALISTA

O especialista é um enunciador-narrador ao qual é atribuído um saber técnico e/ou específico, normalmente reconhecido como próprio de certos cargos ou profissões de renomado prestígio social (médicos, cientistas, professores, jornalistas, chefes de estado, empresários). Em razão de tal conhecimento, essas pessoas possuem acesso a informações que a maioria das pessoas não tem. O que pesa na construção da confiabilidade do especialista que fala em primeira pessoa é o *ethos* de pessoa notadamente séria e respeitada, supostamente comprometida como o seu trabalho e o bem-estar do público a quem fala:

> Oi, meu nome é Elder, sou médico [...]. Temos medicações comprovadamente eficazes e muito conhecidas em epidemias virais: ivermectina, hidroxicloroquina, azitromicina [...]. Especificamente na epidemia da Covid 19, se essas drogas forem utilizadas de forma competente [...] e ainda no início dos sintomas, na prática, teríamos redução drásticas das internações e formas da doença. (Fonte: IFCN)

Como ilustrado nos exemplos anteriores, a veracidade atribuída às falas de especialistas como o médico Elder deriva de seu suposto conhecimento e habilidade para discutir e comentar os assuntos em questão, assim como opinar sobre eles.

Estamos aqui diante de um outro "argumento de autoridade", que não se baseia mais em autoridades anônimas ou institucionais, mas, sim, em sujeitos precisos. Nesse tipo de argumentação, o debatedor utiliza sua própria autoridade como prova para defender um ponto de vista, baseando-se em seu conhecimento especializado ou integridade pessoal para persuadir a plateia (Fiorin, 2015: 176), como no caso da mensagem do ex-militar da reserva apresentada na seção anterior sobre o gênero "comentário".

Um estudo recente sobre desinformação no WhatsApp durante a pandemia, conduzido por Soares et al (2021), revelou que a estratégia do "argumento de autoridade" representava um quinto das mensagens compartilhadas no aplicativo nos meses de março e abril de 2020, contendo desinformação sobre a covid-19. Em todos esses casos, o argumento de autoridade era utilizado para legitimar as mensagens e conferir credibilidade ao seu conteúdo. A perspectiva semiótica contribui com tais pesquisas ao mostrar como o argumento de autoridade pode estar associado ao papel temático do *especialista* e, mais profundamente, ao uso do discurso em primeira pessoa e do discurso interpelativo. É através desses discursos que tais atores (médicos, jornalistas, etc.) estabelecem uma conexão íntima e direta com seus destinatários.

A PESSOA COMUM

Chamamos "pessoa comum" aquele enunciador-narrador cuja credibilidade depende de seu "anonimato", isto é, do fato de se apresentar e falar como um sujeito "ordinário", um homem ou uma mulher "qualquer". Diferentemente do especialista, a autoridade da pessoa comum é sustentada não tanto pelos seus conhecimentos técnico-especialísticos, mas pela sua imagem pessoal, fundada na construção de uma aparente "autenticidade". Para a credibilidade dessa pessoa comum importa menos a solidez de seus argumentos ou informações e mais certos traços de caráter, relativos a um *ethos* ancorado em sinceridade, simplicidade, espontaneidade, emotividade, etc.

Perceba-se como a autenticidade conferida à fala da pessoa comum é suficiente para atribuir generalidade ao que é particular, para conferir à percepção pessoal uma validade universal, consequência típica, como já podemos observar, do discurso desinformativo em primeira pessoa de modo geral.

Tanto ao expressarem opiniões pessoais quanto ao relatarem experiências de vida, a eficácia dos discursos em primeira pessoa e interpelativos das pessoas comuns depende de dois fatores. Primeiramente, o fato de os narradores dessas mensagens se apresentarem e falarem como indivíduos "quaisquer", sujeitos "anônimos" e "ordinários", reforça a crença, característica do discurso populista contemporâneo e das teorias da conspiração que o alimentam, sobre o conflito entre o "povo" e as "elites" que supostamente almejam dominá-lo. Um exemplo disso é encontrado em outra *fake news* compartilhada no WhatsApp nos primeiros meses da pandemia, no qual o narrador critica o isolamento social e alerta sobre os interesses da China na economia brasileira, insinuando que o vírus tenha sido criado em laboratório (Demuru et al, 2022). Tanto ele quanto a massa de "anônimos" que protagoniza a maioria das mensagens normalmente compartilhadas no aplicativo dão vida a um verdadeiro efeito de "pertencimento coletivo", além de uma impressão de fazer parte de um grupo de pessoas "do bem" (o povo brasileiro) em guerra contra o "mal" (a China, as elites globalistas, Doria e os outros governadores, a indústria farmacêutica, etc.). Portanto, além de utilizar as estratégias do discurso em primeira pessoa e do discurso interpelativo, as mensagens das pessoas comuns apelam para a construção de um agente coletivo supostamente "dono da verdade", chamado a agir para desmascarar as mentiras dos outros e difundir sua palavra, quase religiosamente. O anônimo nunca fala por si mesmo, mas sempre como parte e representante do "povo", como um sujeito detentor e compartilhador da "verdade" coletiva.

CONCLUSÕES E ABERTURAS

No fim desse percurso, reforçamos que o modelo, ou melhor, a arquitetura apresentada neste capítulo não pretende de maneira alguma estabelecer um ponto-final a respeito das diversas formas de manifestação do discurso veridictório fundado nas camuflagens objetivantes e subjetivantes identificadas por Greimas. Seria ainda possível identificar novas categorias, como, por exemplo, aquela de *função*, no sentido conferido ao termo por Roman Jakobson (1991). Na esteira dos estudos do linguista europeu, poderíamos postular, ainda, a existência de funções típicas da camuflagem objetivante e da camuflagem subjetivante, que derivam dos procedimentos enunciativos utilizados por elas (a *função referencial* na camuflagem objetivante, ancorada no discurso impessoal, e as funções *fática* e *conativa* na camuflagem subjetivantes, ambas atreladas ao discurso interpelativo). O mesmo vale para as subcategorias que compõem as categorias de procedimentos, gêneros e atores. Outras análises poderão revelar a presença de novos procedimentos, gêneros e atores inerentes a cada camuflagem. Dois exemplos são relativos ao discurso publicitário e humorístico, que também, como veremos nos próximos capítulos, são utilizados, em certos casos, para construir um efeito de sentido de verdade, ou, de modo geral, para fazer crer.

Além disso, precisamos, mais uma vez, que as camuflagens objetivante e subjetivante podem operar de maneira conjunta. Em certos casos, um texto que começa com um discurso em primeira pessoa pode "migrar", encenando um complexo jogo de debreagens, para o discurso impessoal, e vice-versa. Do mesmo modo, um texto prevalentemente impessoal pode passar a interpelar diretamente o enunciatário, convocando-o de maneira direta e peremptória dentro da cena textual. No entanto, estamos convencidos de que é possível identificar uma estratégia dominante, que funciona, por assim dizer, como pivô discursivo, gerenciando os outros elementos mobilizados.

Por fim, há outro aspecto a ser apontado. Nas páginas anteriores, escolhemos deliberadamente não apontar para a dimensão passional e estésica dos regimes de verdade que podem revestir a camuflagem objetivante. Contudo, queremos ressaltar que se trata de um aspecto central, que deverá futuramente ser levado em consideração. Uma hipótese inicial é que o discurso em primeira pessoa seja talvez o lugar privilegiado para a construção discursiva de crenças e verdades que se apoiam no contágio sensível entre os actantes do processo de comunicação (cf. Landowski, 2014; 2022). De fato, como revelam os estudos até hoje desenvolvidos (Demuru et al, 2022), quem fala em primeira pessoa e interpela o seu destinatário o faz utilizando "tons" claramente marcados sob o perfil estéstico-passional, visando envolver seu interlocutor não apenas cognitiva, mas também sensivelmente.

Voltaremos pontualmente, ao longo do livro, à dimensão passional e afetiva dos discursos veridictórios, que mobilizam paixões como a surpresa, medo e ódio, como no caso dos discursos intolerantes. Neste capítulo, o que nos interessava era fornecer um quadro geral das possíveis articulações semióticas dos processos de produção do efeito de sentido de verdade, a partir das macrocategorias propostas por Greimas. Feito isso, podemos nos aprofundar, daqui em diante, em outras estratégias, procurando perceber seus pormenores, suas mais finas composições, seus possíveis graus e gradientes.

GRAUS DE VERIDICÇÃO: AS OSCILAÇÕES DA VERDADE E DA MENTIRA EM DISCURSOS NA INTERNET

Em tempos de relativização de verdades (e de mentiras) é de suma importância buscarmos um chão firme e procurarmos compreender quais os mecanismos discursivos subjacentes às idas e vindas veridictórias, dependentes de uma dinâmica de estabilizações e desestabilizações que precisamos começar a entender com alguma profundidade. Do ponto de vista da semiótica discursiva, a chave para o universo instável de circulação das "verdades" mentirosas e/ou de "mentiras" verdadeiras (que com o advento da internet ganhou proporções inimagináveis) está no fato de que a constituição de uma verdade não se dá em relação a um referente externo que serviria de lastro para sua averiguação inequívoca, mas, sim, se estabelece em relação a um referencial interno, discursivo, que passa a ter valor de verdade em uma troca comunicativa. Nesses termos, o que interessa à abordagem semiótica é a veridicção, ou o dizer verdadeiro (Greimas e Courtés, 2008: 529), e passaremos a percorrer os caminhos mais diretos ou mais labirínticos de sua construção.

AS MODALIDADES VERIDICTÓRIAS
E O DIZER VERDADEIRO

Desde o início, a proposta de Greimas entende a verdade como um efeito de sentido, um efeito de verdade, portanto, pactuado entre um destinador e um destinatário no diálogo constitutivo da dimensão comunicativa da enunciação. Nesses termos, o esforço de sistematizar os efeitos de verdade passa, necessariamente, pela descrição de um *fazer-parecer verdadeiro* (Greimas, 2014: 122) construído a partir das estratégias de textualização de que um destinador lança mão para garantir a adesão de um determinado perfil de destinatário a quem o texto se dirige.

Assim, a base da construção de um dizer verdadeiro passa, antes de mais nada, por um parecer verdadeiro, e, "desse ponto de vista, a produção da verdade corresponde ao exercício de um fazer cognitivo particular, de um parecer verdadeiro que se pode chamar, sem nenhuma nuance pejorativa, de fazer persuasivo". (Greimas e Courtès, 2008: 530).

A comunicação se dá na tensão entre o fazer persuasivo do enunciador (destinador) em relação ao fazer interpretativo do enunciatário (destinatário), o que demanda dois contratos inescapáveis: o contrato fiduciário e o contrato de veridicção.

> O contrato fiduciário põe em jogo um fazer persuasivo da parte do destinador e, em contrapartida, a adesão do destinatário: dessa maneira, se o objeto do fazer persuasivo é a veridicção (o dizer verdadeiro) do enunciador, o contraobjeto, cuja obtenção é esperada, consiste em um crer-verdadeiro que o enunciatário atribui ao estatuto do discurso enunciado: nesse caso, o contrato fiduciário é um contrato enunciativo. (ou contrato de veridicção) que garante o discurso enunciado. (Greimas e Courtès, 2008: 209)

O que está em jogo é o fato de que na construção de um dizer verdadeiro é imprescindível que haja um "*crer-verdadeiro* instalado nas duas extremidades do canal de comunicação, e é esse equilíbrio mais ou menos instável, esse entendimento tácito entre dois cúmplices mais ou menos conscientes que nós denominamos contrato de veridicção" (Greimas e Courtès, 2008: 530).

A fidúcia ou a centralidade que o *crer* assume no contrato veridictório congrega em si duas dimensões importantes, pois, ao mesmo tempo, é preciso que haja *confiança* em quem diz (o que incide na relação destinador/destinatário) e a uma *crença* no que é dito (no enunciado) (Fontanille e Zilberberg, 2001: 265).

Figura 1 – As dimensões da fidúcia

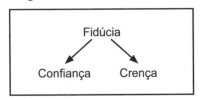

Fonte: Adaptado de Fontanille e Zilberberg, 2001.

Depende, portanto, do ponto de vista estabelecido pelo sujeito da enunciação, que congrega em si quem diz (o enunciador) e para quem se diz (o enunciatário). Assim, a adesão (ou não) a um efeito de verdade dependerá do poder persuasivo das estratégias do enunciador em relação ao modo como o enunciatário interpretará o que lhe foi apresentado, a partir de seu conhecimento de mundo, suas crenças e emoções. Nessa medida, o próprio crer é pactuado e, assim sendo, nem sempre é determinado de maneira nítida.

> Como o crer é uma atitude relativa e não categórica, o grau de crença atribuído a um ou outro relato é bastante variável. De outro lado, o crer se manifesta frequentemente sob a forma de termos complexos, o que significa que as pessoas têm a tendência a crer e a não crer simultaneamente num fato ou num dizer. (Greimas *apud* Fontanille e Zilberberg, 2001: 274)

Nesse equilíbrio dinâmico, cabe ao destinatário decidir sobre o ser (ou não ser) daquilo que foi apresentado como um parecer (ou não parecer) pelo destinador, ou seja, o parecer necessariamente solicita a tomada de decisão sobre um ser. "Parte-se do parecer e do não parecer da manifestação e se constrói ou se infere o ser ou não ser da imanência" (Barros, 2011a: 46). Na relação entre esses dois esquemas – de manifestação (parecer / não parecer) e da imanência (ser / não ser) – tomam corpo a *verdade*, a *mentira*, o *segredo* e a *falsidade*.

Figura 2 – O quadrado das modalidades veridictórias

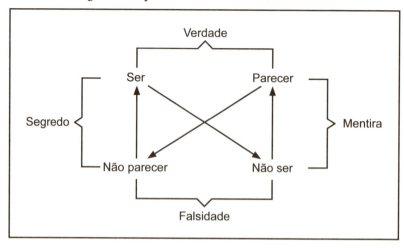

Fonte: Adaptado de Greimas, 2014: 66.

O bom funcionamento desse contrato (de veridicção) depende, em definitivo da instância do enunciatário, para quem toda mensagem recebida, seja qual for seu modo veridictório, apresenta-se como uma manifestação (parecer - não parecer) a partir da qual ele é chamado a atribuir este ou aquele estatuto ao nível da imanência (a decidir sobre o ser ou o não ser.). (Greimas e Courtès, 2008: 530)

Quando o que é apresentado pelo destinador está de acordo com o que destinatário julga *ser*, temos a construção de uma *verdade* (parece e é). Na *falsidade*, temos uma concordância também, mas pela negativa: o que foi apresentado não parece e o destinatário concorda que realmente não é (não parece e não é). Em ambos os casos, o que é apresentado pelo destinador cria uma expectativa que é confirmada pelo julgamento do destinatário. Na mentira e no segredo, entretanto, há uma divergência entre a dimensão manifestada (o parecer) e a decisão sobre a imanência (ser). Na *mentira*, o destinador oferece um parecer que solicita uma interpretação que revele sua dimensão enganosa (parece, mas não é). O *segredo* também se assenta em uma quebra de expectativa, quando o que o destinador manifesta oculta um aspecto a ser revelado (não parece, mas é).

OS GRAUS DA VERIDICÇÃO

As quatro posições que emergem da articulação entre o *ser* e o *parecer*, a *verdade*, a *falsidade*, a *mentira* e o *segredo*, são chamadas de *modalidades veridictórias* e abrem caminho para o tratamento semiótico da dimensão avaliativa do fazer interpretativo. No entanto, levando-se em conta que a própria fidúcia é pactuada em um equilíbrio dinâmico entre um destinador e um destinatário, já que "o crer é uma atitude relativa e não categórica" (Greimas e Courtès, 2016 [2008]: 209), Soares e Mancini (2023) propõem um tratamento tensivo das quatro modalidades veridictórias, de modo a contemplar graus de crença possíveis, isto é, uma gradualização dessas posições. A pergunta de partida dos autores foi a seguinte:

> Se cada manifestação é uma solicitação ao enunciatário, que tem perfil específico e faz um esforço de apreensão para julgar a imanência, não podemos ampliar para mais que quatro os resultados possíveis desse jogo? Todas as verdades e falsidades são iguais e se confirmam com a mesma exatidão? Todos os segredos e mentiras surpreendem com igual espanto? E se estamos falando de efeitos de sentido diferentes que se constroem na enunciação, como semioticistas, não devemos tentar dar conta de caracterizá-los? [...] Para dar conta desse gradiente de possíveis verdades, mentiras, falsidades e segredos, que nascem de pareceres e seres diferentes, um encaminhamento interessante pode ser proposto pela abordagem tensiva e suas ferramentas para discutir a complexidade e os intervalos. (Soares e Mancini, 2023: 21)

Quando Greimas diz que a dinâmica persuasiva do contrato de veridicção está calcada em um "equilíbrio mais ou menos estável que provém de um acordo implícito entre os dois actantes da estrutura da comunicação" (Greimas, 2014: 117), traz para primeiro plano o jogo das expectativas como elemento primordial da persuasão. O *parecer* projeta uma expectativa, um encaminhamento de certa forma lógico que Zilberberg (2011) chama de implicativo. "O *parecer* clama por ser, pois não surpreende que ele seja. Da mesma forma, o *não parecer* argumenta em favor de um veredicto pelo *não ser*. Quando essa expectativa se quebra, há uma concessão" (Soares e Mancini, 2023: 21).

Para entendermos melhor as noções tensivas de implicação e concessão, lembremos que o projeto zilberberguiano ambiciona chegar a uma "gramática do afeto" (Zilberberg, 2011: 12), quando o promove à condição central do processo de significação. A proposta tensiva se desloca da lógica das diferenças e oposições para as relações de dependência que dinamizam o processo de construção de sentido. Com isso, enfatiza a dimensão do contínuo subjacente, organizado a partir de um jogo de forças que desenha uma direção gradual dos movimentos de construção de sentido, já que "o mundo do mais ou menos não está qualificado para descrever o mundo do tudo ou nada – e reciprocamente" (Zilberberg, 2011: 267).

Desde suas primeiras obras, engendrar as tensões, movimentos e direções da afetividade na estrutura fez parte da tarefa da abordagem tensiva. Feita em parceria com Jacques Fontanille, a obra *Tensão e significação* firma a noção de *valor* como ponto convergente de um jogo de tensões responsáveis pela construção de um sistema dinâmico. Definido como o entrecruzamento de *valências da intensidade* (os estados de alma – o sensível) e *valências da extensidade* (os estados de coisa – o inteligível), o valor e suas dinâmicas de formação em um *campo de presença* – noção importada da fenomenologia de Merleau Ponty que traz para a semiótica a centralidade da *percepção* – é uma noção central para a abordagem tensiva.

A conformação abrupta e surpreendente (acelerada e tônica) de um valor no campo de presença do enunciatário, definida como um *sobrevir* (Zilberberg, 2011: 277), exacerba o componente sensível, ao contrário de uma construção lenta, previsível e gradual (desacelerada e átona) do valor no *pervir* (2011: 271), em que o processo se dá sem omissão de etapas, o que minimiza o impacto sensível em favor da inteligibilidade. Esses dois modos de construção de valores se assentam na base de uma dinâmica de expectativas calcada nas lógicas *implicativa*, quando a expectativa criada é confirmada, e *concessiva*, quando a expectativa é quebrada em maior ou menor grau.

Zilberberg (2011: 216), ao diferenciar implicação de concessão, diz que "o estilo implicativo é confirmativo e compartilhado, enquanto o estilo concessivo, inaugural, e, por um tempo, singular, faz do discurso o vetor do inédito e da novidade". Ao resgatar o quadrado das modalidades veridictórias e cruzá-lo com essa oposição, tem-se que:

GRAUS DE VERIDICÇÃO

- parecer + ser (*verdade*) e não parecer + não ser (*falsidade*) são implicativas, portanto, confirmativas;
- parecer + não ser (*mentira*) e não parecer + ser (*segredo*) são concessivas, o que as tornam inaugurais e singulares.

Ao trazermos categorias tensivas, conseguimos operacionalizar o papel das crenças e emoções no julgamento veridictório, ou seja, abrimos a análise para a dimensão retórica dos discursos, ao contemplar e modular o *pathos* ou a disposição afetiva do enunciatário. Como nos explica José Luiz Fiorin, o *pathos* pode ser entendido como "uma imagem que o enunciador faz do que move ou comove" (Fiorin, 2007: 154) seu auditório e que estabelece coerções para o discurso. O autor ainda complementa que "é preciso voltar à retórica e incorporá-la à semiótica. Para Zilberberg, isso corresponde à inclusão dos afetos na teoria, ao abarcamento da dimensão estésica do discurso" (Fiorin, 2007: 14).

Para além da dimensão retórica do julgamento veridictório, com a tensividade também abrimos a possibilidade de trabalhar tanto com os extremos de uma oposição (sobrecontrários), quanto com posições intermediárias (subcontrários). Seguindo esse caminho, podemos desdobrar os contrários *ser* e *parecer* em seus sobrecontrários e subcontrários, contemplando não apenas os polos da oposição, mas também seus caminhos intermediários ou, de acordo com as palavras de Zilberberg: "podemos invocar dois casos, conforme os contrários se lancem numa hostilidade decisiva ou que tenhamos de tratar de contrariedades mínimas em que os contrários podem ser menos hostis, menos distantes" (2011: 79).

Tomando o caminho da gradualização aberta pela leitura tensiva das modalidades veridictórias, Soares e Mancini propõem uma ampliação das possibilidades combinatórias da relação entre os contrários *ser* e *parecer*

> para conceber um parecer muito que difere de um parecer pouco, e um ser exatamente que difere de um condescendente "até ser". Do mesmo modo, se ampliarmos seus contraditórios, temos um não parecer nada e um quase parecer na manifestação, e um não ser de forma alguma e um quase ser na imanência. Desse modo, chegamos a uma proposta de intervalos que substituem o binarismo entre ser e não ser, na imanência, e entre parecer e não parecer, na manifestação. (Soares e Mancini, 2023: 23)

Dissemos que o parecer (ou o não parecer) solicita uma expectativa implicativa do julgamento de um ser (ou não ser), respectivamente, já que "as relações implicativas são tendencialmente aforísticas e generalizantes, e sua aproximação define em parte o sistema de crenças e práticas próprias a um dado socioleto" (Zilberberg, 2011: 99). Quando o senso comum diz que "há verdades e verdades", é fácil prever que o *parecer muito* cria uma expectativa mais alta do que o *quase parecer* e sua confirmação por um *ser exatamente* é mais precisa, mais implicativa do que um condescendente *até ser*.

Temos que atentar para o fato de que a expectativa construída por um parecer é uma espera direcionada a ser liquidada até que o julgamento sobre o ser se concretize, seja reafirmando a sua resposta em enunciados implicativos, seja refutando-a em enunciados concessivos, uma vez que

> para o plano de conteúdo, o *antes* e o *depois* pedem um engajamento actancial segundo [pergunta *vs* resposta] que assinala a pergunta como anterior à resposta. É preciso, porém, ir mais longe: pergunta e resposta são funtivos de uma função tensiva da maior relevância, a *espera*. (Zilberberg, 2010: 6; grifos do autor)

Quando há uma quebra de expectativa, teremos um desfecho concessivo, mas, seguindo o raciocínio tensivo, podemos diferenciar as mentiras das "mentirinhas", por exemplo, já que a mentira é mais avassaladora, mais impactante no encontro do *parecer muito* com o *não ser* de forma alguma. O mesmo se dá com o segredo que se revela quando algo que *não parecia nada* e, no fim, *era exatamente*.

Figura 3 – Graus de veridicção: cruzamento dos funtivos e suas gradações.

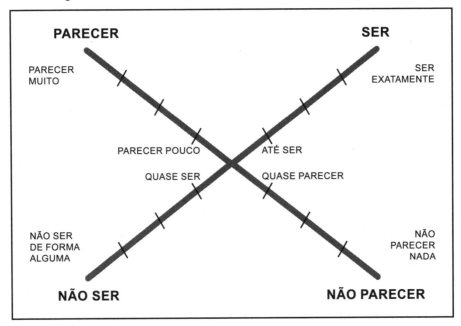

Fonte: adaptado de Soares e Mancini, 2023: 24.

As possibilidades de entrecruzamento dos gradientes do eixo da manifestação (parecer) e da imanência (ser) não devem ser tomadas como posições fixas e estanques, mas, sim, servem para matizar os cenários veridictórios e conferir à análise a opção de graus e intervalos que, inclusive, podem ser dinamizados pelo acréscimo de *mais* e *menos* (Zilberberg, 2011) ao longo de um processo de avaliação veridictória.

Nesse sentido, temos a possibilidade de pensar em graus de concessão e de seu correlato a implicação.

> Nessa escala, levamos em conta que se o desenvolvimento não é exatamente o esperado, já existe algum grau de concessão. E quanto mais o desenvolvimento se afasta da expectativa, mais intensa será a resposta do sujeito. Assim, em "até é" e "quase é" já temos algum elemento concessivo, mas ele envolve pouca tonicidade, uma vez que ainda conserva as expectativas em algum grau. (Coutinho e Mancini, 2020: 31)

Desse modo, a implicação mais forte e apaziguadora se dá nas combinações do *parece demais* com o *é exatamente* e a do *não parece nada* com o *não é de forma alguma*. Do mesmo modo, quanto mais díspares as combinações, mais concessivos os enunciados. Logo, a combinação entre o *parece demais* e o *não é de forma alguma* ou do *não parece nada* com o *é exatamente* são as mais concessivas, as mais impactantes e perturbadoras.

A ideia de que quanto mais concessivo é um enunciado, mais as emoções e afetos estão em jogo na adesão do enunciatário é prevista pela abordagem tensiva quando opõe o *acontecimento* ao *exercício* ou *fato*. "O acontecimento é o correlato hiperbólico do fato, do mesmo modo que o fato se inscreve como diminutivo do acontecimento" (Zilberberg, 2007: 16).

O acontecimento se dá de modo abrupto, quando um o valor se forma na arena perceptiva do destinatário, o campo de presença, de maneira acelerada e tônica, pelo sobrevir, fazendo com que o sujeito seja arrebatado pelo impacto (alta intensidade).

> O acontecimento está no cerne desse sistema se for concebido como sobrevir, isto é, realização do irrealizável. Mais precisamente, o sistema descrito leva em conta a modalidade implicativa do realizável. Por sua vez, o acontecimento dá como certa a modalidade concessiva que instaura um dado programa como irrealizável e um contraprograma que, no entanto, levou a cabo sua realização: "não era possível fazer isso, no entanto, ele foi lá e o fez"! (Zilberberg, 2011: 176)

Zilberberg (2011) explica a força do sobrevir ao reconhecer no espanto, na comoção, na admiração, o centro de nossos afetos. Valéry, em quem o semioticista sempre se apoiou, cria uma imagem muito eficaz para essa explicação.

> Todo acontecimento brusco atinge o todo. O brusco é um modo de propagação. A penetração do inesperado [é] mais rápida do que a do esperado – mas a resposta do esperado [é] mais rápida que a do inesperado. (Valéry, 1989: 1288; inserções nossas)[3]

A resposta em relação ao esperado, ao que se apresenta como confirmativo, é mais rápida, porque se constrói segundo uma lógica implicativa, de acordo com o que é previsível ou, no limite, pela reiteração exaustiva daquilo que já é conhecido e que se consolida como hábito. Ao contrário, ao ser tomado pelo inesperado, pelo impensável, o sujeito se torna mais passivo e anulado em sua capacidade de resposta lógica e imediata. No entanto, uma decorrência natural dessa dinâmica é que quando algo inusitado ou surpreendente é apresentado reiteradas vezes, vai perdendo o vigor do arrebatamento, vai se tornando cada vez mais esperado, o que faz com que perca aos poucos o tônus concessivo e passe a gradualmente a se constituir como algo mais e mais implicativo.

Essa dinâmica está a serviço de uma estratégia argumentativa importante nos dias de hoje, na medida em que vai atenuando, tornando implicativo, pela reiteração, pela trivialização, aquilo que deveria ser lido como inacreditável ou mesmo inaceitável. Em outras palavras, os discursos de impacto, concessivos, portanto, vão se atenuando e gradualmente tomam a direção contrária da naturalização implicativa. O grande volume de circulação das informações na internet parece ajudar a levar a cabo essa estratégia de banalização do que, até pouco tempo, era considerado impensável ou mesmo inconcebível.

A CRISE VERIDICTÓRIA NOS DISCURSOS DA INTERNET

Regina Gomes (2019) propõe uma homologação bastante operacional dos graus de veridicção discutidos acima com as etiquetas da agência Lupa para a avaliação de discursos de grande circulação na internet.

Figura 4 – Etiquetas da agência Lupa

AGÊNCIA LUPA – ETIQUETAS

- VERDADEIRO – A informação está comprovadamente correta
- VERDADEIRO, MAS – A informação está correta, mas o leitor merece mais explicações
- AINDA É CEDO PARA DIZER – A informação pode vir a ser verdadeira. Ainda não é
- EXAGERADO – A informação está no caminho correto, mas houve exagero
- CONTRADITÓRIO – A informação contradiz outra difundida antes pela mesma fonte
- SUBESTIMADO – Os dados são mais graves do que a informação
- INSUSTENTÁVEL – Não há dados públicos que comprovem a informação
- FALSO – A informação está comprovadamente incorreta
- DE OLHO – Etiqueta de monitoramento

Fonte: Gomes, 2019: 18.

Tabela 1 – Avaliação veridictória das etiquetas da Agência Lupa

Verdadeiro	Parece muito e é exatamente
Verdadeiro, mas	Parece muito e até é
Ainda é cedo para dizer	Parece e quase é
Exagerado	Parece pouco e quase é/até é
Contraditório	Não parece e quase é/não é
Subestimado	Até parece e quase é
Insustentável	Não parece e não é
Falso	Não parece nada e não é de forma alguma

Fonte: Adaptado de Gomes, 2019: 18.

A própria existência da agência Lupa e de tantas outras agências de verificação de notícias evidencia uma crise veridictória nos discursos, principalmente no ambiente on-line, onde as trocas são rápidas e geralmente de grande alcance. Fiorin (2008), ao tratar dos diferentes tipos de contrato veridictório implicados na relação entre enunciador e enunciatário de romances literários, discute o que chamou de "crise de representação" (2008: 214), que estaria relacionada "à ideia de que as representações criam sentidos e que eles são, em seus efeitos, objetos reais" (2008: 215).

Trazendo a reflexão de Fiorin para o universo digital de circulação massiva de artigos, memes, charges, postagens de opinião, etc., vemos que a reiteração exacerbada de uma determinada versão dos fatos ou ponto de vista sobre processos sociais, políticos comportamentais, etc. cria uma acomodação de "verdades" construídas a partir de um universo compartilhado de valores, no que se convencionou chamar de "bolhas", que nada mais são do que espaços de circulação preferencial de certas ideias e pontos de vista que se retroalimentam e são inflacionados por algoritmos que acabam por direcionar a prática social da fala e, ao mesmo tempo, determinar o lugar de cada usuário na ecologia geral das trocas sociais.

> Em sua organização primitiva da experiência, a bolha está sempre paranoicamente aquém do fato, oscilando entre a queixa e a onipotência. A base sensorial é a defesa contra uma falsa conspiração: socialismo, bolivarianismo, o que se invente. Socialmente, é a legitimação da boçalidade. (Sodré, 2022)

As "bolhas" onde os discursos circulam e reverberam são elementos inescapáveis da discussão sobre a variedade de julgamentos veridictórios na internet. Ao incorporarmos à reflexão não apenas os atores envolvidos nas trocas, mas também os modos de circulação dos discursos, trazemos para a reflexão uma dimensão de pertinência da análise que concerne às *práticas semióticas*, na medida em que "as experiências devem ser, por sua vez, configuradas em 'práticas' ou em 'situações semióticas' para se tornarem semióticas-objeto analisáveis" (Fontanille, 2008: 27).

Os modos de circulação preferenciais que configuram as "bolhas" de informação passam a ser descritos como práticas semióticas, reconhecidas por uma determinada identidade, por regularidades e direcionamentos observáveis.

> A forma das práticas está ligada a sua dimensão predicativa, que designaremos, daqui por diante, como cena predicativa [...] uma prática pode comportar um ou vários processos (um ou vários predicados), atos de enunciação que implicam papéis actanciais desempenhados, entre outros, pelos próprios textos ou imagens, por seus objetos-suportes, por elementos do ambiente, pelo transeunte, pelo usuário ou pelo observador, tudo o que forma a "cena" típica de uma prática. (Fontanille, 2008: 21)

Cada situação semiótica, inerente a uma prática, entra em relação de ajustamento com as demais e exerce força sobre elas. Assim vai se configurando o que entendemos metaforicamente como uma ecologia digital, em que certas práticas passam a ser preponderantes em relação a outras conforme o(s) grupo(s) onde elas se estabelecem e as dinâmicas de circulação que passam a se desenhar de acordo com sua prevalência e maior ou menor aceitação. A propagação em massa de certos pontos de vista, fomentados por grupos sociais distintos, políticos e/ou econômicos, ou mesmo a ingerência dos algoritmos naquilo que somos ou não capazes de ver em ambiente digital, configura uma *estratégia* agenciadora das práticas, que interfere diretamente na dinâmica de circulação e na força do embate de discursos concorrentes.

> *Estratégia* significa aqui dizer que a situação semiótica é mais ou menos previsível ou mesmo programável e que geralmente cada cena predicativa deve se ajustar no espaço e no tempo a outras cenas e práticas, concomitantes ou não concomitantes. (Fontanille, 2005: 26; grifo do autor)

Nasce com a circulação dos discursos nas "bolhas" digitais uma sociabilidade de plataforma, que culmina no que Muniz Sodré (2021) chama de "sociedade incivil", na qual há um esvaziamento das representações e uma minimização da ligação entre sujeitos coletivos e valores institucionais.

> A hegemonia do capitalismo financeiro, da cultura algorítmica (midiatização) e do biopoder dá margem à hipótese de emergência de uma espécie de sociedade incivil, onde mutações socioeconômicas desconstroem os laços representativos entre o povo e o estado, portanto, a política em sua forma parlamentar, em benefício de formas tecnológicas mais abstratas de controle social. (Sodré, 2021: 132)

GRAUS DE VERIDICÇÃO

Deixadas de lado as inúmeras implicações e possíveis desdobramentos dessa reflexão mais ampla, o que nos interessa no contexto aqui proposto é a concordância de que há uma crise de representação que enfraquece balizas coletivas de referencialização discursiva dos julgamentos veridictórios.

Cada um dos níveis de pertinência analítica apresenta "um certo número de regras e de indicações que permitem reconhecer qual é o regime de crença proposto" (Fontanille, 2019: 256) e, portanto, podemos dizer que cada texto-enunciado ou prática semiótica, por exemplo, constitui um regime de crença – ficcional, factual, etc. – a partir do qual será interpretado e, portanto, sobre o qual se dará o julgamento veridictório feito pelo enunciatário em relação ao que o enunciador apresentou como elemento de persuasão. Uma discussão mais aprofundada sobre os regimes de crença será feita no capítulo "Hibridização dos regimes de crença e veridicção". De todo modo, com o imperativo das trocas orquestradas por estratégias variadas, essa relação entre os fazeres persuasivo e interpretativo ganha novas nuanças.

A proliferação de memes é um bom exemplo. Uma forma comum de aparecimento e circulação dos memes é o estabelecimento de relações intertextuais, tantas vezes em abismo, o que dificulta consideravelmente o julgamento do que pode ser lido pela chave do crível ou não.

É de difícil avaliação veridictória, por exemplo, um meme que tem circulado nas redes sociais no qual há um soldado do exército com as pernas em espacate (como um bailarino ou um ginasta), isto é, com as pernas abertas apoiadas no solo formando um ângulo de 180º, intentando, ao mesmo tempo, ficar em uma posição de respeito diante de autoridades brasileiras, dentre as quais o ex-presidente da república Jair Bolsonaro e outros membros do Exército, todos em posição solene, em uma situação pretensamente oficial e formal. A posição inusitada do soldado cria uma incongruência, do ponto de vista do que se espera em uma situação como essa, que causa efeito de humor, mas também gera dúvida sobre a veracidade do fato.

Valendo-se astutamente da instabilidade do que estamos chamando de crise de representação nas trocas em ambiente digital, muitos grupos desenvolveram uma estratégia de gerenciamento de práticas de desinformação. No Brasil, é bastante conhecido o exemplo do "gabinete do ódio", uma verdadeira milícia virtual, com o intuito de disseminar informações falsas, conhecidas como *fake news*, de modo a desestabilizar o debate político no país, principalmente durante a eleição de Jair Bolsonaro à presidência, em 2018, e que se manteve ativo durante seus anos de governo como líder do poder executivo.

O CURIOSO CASO DA "MAMADEIRA DE PIROCA"

Um dos casos de grande repercussão da atuação do "gabinete do ódio" foi o que ficou conhecido como "mamadeira de piroca", uma *fake news* que associava o então candidato à presidência Fernando Haddad e seu partido, o Partido dos Trabalhadores (PT), a uma suposta distribuição feita em creches, por governos do PT, de mamadeiras com bicos em formato de pênis, algo que as notícias fraudulentas alegavam que seria implementado em todo país caso Haddad vencesse as eleições para presidência.

Levando em conta as categorias veridictórias discutidas anteriormente, para os eleitores antipetistas, o julgamento desse meme seria o de um segredo tônico, de forma que a notícia, embora *não parecesse* nada possível, no entanto, para aquele perfil, *era* plausível, gerando comoção e indignação com a concessão aí implicada.

À época, muita gente se perguntava como algo tão insólito poderia ganhar o vulto que teve, a ponto de ter peso considerável no resultado das eleições presidenciais do ano de 2018 no Brasil. O fato é que os mentores do "gabinete do ódio" entenderam que a *estratégia* de gestão dos afetos nos ambientes digitais cria condutas de adesão em massa às versões veiculadas de forma impactante, usando, como discute Barros (2021b; 5-6), "recursos discursivos e textuais tanto do plano do conteúdo quanto do da expressão para produzir efeitos de surpresa e estranhamento no destinatário e estabelecer, entre destinador e destinatário, adesão emocional e sensorial".

A autora leva adiante a discussão, marcando a importância das estratégias de exacerbação da dimensão sensível do texto, que ela denomina "anomalias", na construção de uma adesão afetiva, que independe de qualquer ancoragem factual, em favor de um endosso de crenças compartilhadas e valores comuns.

> Estamos convencidas de que as anomalias dos discursos e textos mentirosos também dão prazer a seu destinatário, pois, graças a elas, ele se engaja emocionalmente e de modo sensorial com o destinador e vê, com a mentira em que acredita, a confirmação de seus valores e sentimentos. (Barros, 2021b: 6)

Na mesma direção, a gestão dos modos de circulação das notícias está implicada na avaliação veridictória de seus leitores, criando o que o então ministro Justiça e Segurança Pública do Brasil, Flávio Dino, chamou de "manipulação das subjetividades, [dizendo que] o que está em questão é o controle do pensamento político da sociedade". Dino lança a pergunta, que ele mesmo responde logo na sequência: "Qual é o cimento dessa gente extremista e autoritária? Manipulação de afetos na sua dimensão do ódio".[4] Essa exacerbação da emoção nos discursos como estratégia persuasiva se espraia nas várias práticas de comunicação e interação e se estabelece como elemento preponderante para o incremento da circulação de conteúdos na internet, o que acaba por criar uma *estratégia convergente* (de recrudescimento do sensível), orientada pela retórica do *sentir-reagir* (geralmente multiplicando aquele conteúdo por adesão ou repulsa) e guiada pelos medidores de audiência e também pelos algoritmos (Mancini, 2020b).

Como mencionamos, a estratégia de gestão das práticas de circulação das notícias nos diversos tipos de "bolhas" tem consequências diferentes, uma vez que cada bolha recorta perfis de enunciatários distintos, o que faz com que a avaliação veridictória de cada notícia mude radicalmente, a depender do perfil de leitor previsto pelo tipo de bolha na qual circula aquele dado conteúdo.

Por exemplo, a mesma notícia da mamadeira de piroca, que mencionamos, suscita um julgamento veridictório totalmente diferente em uma bolha de perfil mais à esquerda, em que passa a ser tomado como uma falsidade convicta e contundente, pois, neste caso, o que se dá na dimensão do parecer é algo como *não parece nada* e, na do ser, um confirmativo *não é de forma alguma*. Desvela-se, com isso, o absurdo que estaria implicado no embate dos dois julgamentos veridictórios, aquele que se estabelece pelo segredo tônico (do perfil mais conservador) e a falsidade convicta (do perfil mais progressista). Muitos memes derivaram desse contraste de julgamentos veridictórios, de modo a ridicularizar o conteúdo da mamadeira de piroca, como no caso do meme que a enquadra em uma moldura dourada, pomposa, toda trabalhada, de modo que, ao emoldurá-la, lhe dá destaque e um aspecto solene insólito.

Até mesmo o inusitado de se conceber a tal "mamadeira de piroca" como sendo algo possível foi recriado nas estratégias de idealização e circulação de memes relativos ao assunto, em que o efeito de absurdo foi intensificado, não apenas do ponto de vista do conteúdo, mas também da expressão, pela montagem grosseira de imagens, de modo a transformar o que parecia um limite do absurdo em um limiar (Zilberberg, 2011: 275-276) a ser ainda ultrapassado, enfatizando, assim, o efeito de estranhamento e ampliando o deboche e o efeito de humor. Esse é o caso do meme em que uma colagem rudimentar de imagens mostra o ator Leonardo Di Caprio em posição de luta, com uma mamadeira de piroca em mãos, como se fosse uma metralhadora, da qual saem grandes labaredas.

O que fica patente nesse episódio da "mamadeira de piroca" é que tanto a reação de indignação das bolhas conservadoras quanto a construção de um embate de ridicularização da interpretação desse leitor conservador foram práticas opostas que serviram à estratégia geral de pautar esse assunto naquele período pela manipulação dos afetos, dando grande relevância e presença a ele.

Nesse cenário de ressonância coletiva de afetos, valores comuns e sentimentos compartilhados, mesmo com a erosão da crença no enunciado – que está presente nos textos de deboche ou mesmo nos textos de verificação do referencial discursivo que estaria sendo ignorado nas versões mentirosas –, devemos manter em mente que a confiança no enunciador garante um nível de adesão na mensagem, pois, como diz Regina Gomes, pode ocorrer a "mobilização dos afetos e das paixões, com prevalência da confiança (nos sujeitos) sobre a crença (no dito)" (Gomes, 2019: 22). Ou seja, o "mito", como era chamado o ex-presidente Jair Bolsonaro, sempre será mito para os que se engajam passionalmente nessa versão dos fatos.

AINDA A DINÂMICA DE CIRCULAÇÃO DOS MEMES COMO ESTRATÉGIA DE DEFINIÇÃO DE PAUTAS

No episódio da ida do presidente Bolsonaro a Nova York (EUA), para participar da Assembleia Geral da ONU, em setembro de 2021, em que ele e os membros de sua comitiva foram barrados no jantar de confraternização por não estarem vacinados contra covid-19, muitos memes passaram a circular tratando a situação com deboche e humor. Um deles fez uma montagem com uma foto da ativista sueca Greta Thunberg, cuja versão original foi postada por ela mesma em sua conta do Instagram, em janeiro de 2019, na qual almoçava em um trem tendo uma paisagem de fundo na janela. A paisagem foi trocada pela foto de Jair Bolsonaro e comitiva comendo pizza, de pé, em uma rua de Nova York, por não poderem comer dentro do restaurante por não estarem vacinados. Essa foto circulou de vários modos na internet, inclusive a serviço de construir uma imagem do então presidente como um homem simples e do povo, uma pessoa "sem frescuras", como ele mesmo gostava de se autodescrever.

Vale mencionar que a foto de Greta no trem foi fartamente utilizada para a criação de diversos memes, fio iniciado pelo filho do então presidente, Eduardo Bolsonaro, em 25 de setembro de 2019, quando fez uma montagem com crianças famintas observando a ativista na janela enquanto comia, o que gerou, inclusive, a necessidade de desmentidos da ativista em relação ao conteúdo artificialmente gerado. Esse foi o incentivo para uma enxurrada dos mais diversos memes com a imagem do almoço de Greta no trem, até porque, como já dissemos, é da natureza dos memes entrar em uma cascata intertextual em abismo e, muitas vezes, criar paralelismos absurdos e inconcebíveis, a ponto de ser este, em si, o gatilho de humor da relação entre memes em um fio de textos na internet.

Neste caso, poderíamos pensar em um julgamento veridictório, em que um complacente *quase parece* é desvelado por um *não é de forma alguma*, uma mentira tonificada, cuja concessão gera o efeito de humor. Mais uma vez, na ciranda intertextual que configura os memes, um novo meme foi criado recrudescendo o efeito de absurdo, seja pela subversão completa do efeito de ancoragem ou de realidade, seja pela precariedade da composição, do ponto de vista do plano de expressão visual, isto é, a colagem precária feita com os rostos de outros políticos (no caso, Sergio Moro e Ciro Gomes) nos corpos da comitiva de Bolsonaro e o rosto de um Lula sorridente no corpo de Greta Thunberg almoçando no trem. Mais uma vez, trata-se de uma anomalia na organização textual (Barros, 2020a), criando a junção de figuras de conteúdo díspares e uma composição de expressão também anômala, o que abre uma leitura, necessariamente, segundo o regime de crença da ficção, dentro do registro humorístico.

A cascata de memes sobre o assunto da interdição do presidente em jantar da ONU, por não estar vacinado, e a imagem marcante de seu almoço na rua com assessores pautou as discussões à época. Por um lado, por conta da adesão criada pela confiança no enunciador das peças que circularam nas redes conservadoras de apoio ao "mito", mas também pela crença e valores compartilhados dos que viam na sua atitude uma postura acertada de resistência à vacina, tida, por aquele perfil de usuários, como ameaça à liberdade e à saúde, além de perigos de toda sorte alardeados em versões conspiratórias. Por outro lado, esse conteúdo ganhou vulto também nas versões de deboche, do ridículo da situação em que se colocou um chefe de estado em viagem oficial, ou mesmo na zombaria dos valores negacionistas que o fato representava. Criou-se, assim, um embate incandescente de posturas veridictórias opostas, em diferentes graus, o que fez com que o fato tomasse conta das redes sociais.

Outro caso com uma arquitetura parecida de circulação nas redes sociais foi o surto coletivo causado nos dias 7 e 8 de setembro de 2021, quando caminhoneiros faziam protestos em Brasília na data cívica de comemoração do Dia da Independência e, no dia seguinte, acreditaram na notícia veiculada nas redes sociais de que o presidente da república tinha decretado estado de sítio no país e, com isso, muitos comemoraram "fazer parte da história".

Imediatamente o fato desencadeou vários memes que, mais uma vez, especialmente em bolhas mais progressistas, debocharam da situação de *nonsense* criada pelo julgamento veridictório feito pelos caminhoneiros de que a notícia sobre o decreto de um estado de sítio no Brasil seria verdadeira (*parece* e *é*). No entanto, esse caso é emblemático, pois parece ter alcançado algo cada vez mais difícil de se estabelecer nos dias de hoje

GRAUS DE VERIDICÇÃO

com as trocas frenéticas da internet: um limite de verossimilhança para o conteúdo em circulação. Poucos jornais de grande circulação deram destaque à notícia e, quando o fizeram, marcaram inequivocamente a falsidade (*não parece nada* e *não é de forma alguma*) do conteúdo que gerou a comoção nos caminhoneiros.[5]

Nem por isso, ou de fato, até por isso, houve uma enfática reação de deboche em relação ao fato ocorrido. Alguns memes continham dizeres referentes ao suposto estado de sítio em composição humorística com imagens dos personagens do programa televisivo *Sítio do Pica-pau Amarelo*, adaptado da obra de Monteiro Lobato. Outros memes ainda exploraram visualmente cenas de zona rural como, por exemplo, um bule de café e um bolo em uma assadeira sobre a pia, ao lado de uma janela através da qual se vê uma propriedade rural com montanhas e pastagens, dialogando com o enunciado verbal "estado de sítio". Muitos exploraram também imagens de gado em pastagens, como no caso do meme em que essa imagem vinha acompanhada dos dizeres: "Bom dia para você que acordou em um estado de sítio!!! É sempre bom respirar ar puro cercado pelos amigos patriotas".

Nesse caso, os memes exploraram a polissemia da palavra *sítio*, criando textos cujo conteúdo verbo-visualmente manifestado estabelece isotopias díspares (Greimas e Courtés, 2008: 276), ou seja, percursos temático-figurativos de leitura, cuja coesão é desafiada pelo conector sítio que, ao mesmo tempo, se relaciona com o conteúdo de propriedade rural, também com o conteúdo do programa televisivo *Sítio do Pica-pau Amarelo*, mencionado anteriormente, ao mesmo tempo que remete à palavra que integra a expressão estado de sítio, relativa à limitação, prevista na constituição, de alguns direitos essenciais em situação de disrupção da ordem democrática do país. Como já vimos, a apresentação simultânea dessas leituras cria "'rasgos na normalidade' [que] produzem efeitos de tonicidade nos textos e criam laços emocionais e sensoriais entre os sujeitos envolvidos na *fake news*." (Barros, 2020a: 37).

Um ponto importante a ser comentado é que essa dinâmica que explora as nuanças e oscilações do julgamento veridictório, juntamente com a intensificação sensível (emocional e sensorial) e a alta velocidade que caracteriza as trocas na internet contribuem para a criação de uma crise veridictória, cuja processualização procuramos descrever.

A CRISE VERIDICTÓRIA
E SUAS IMPLICAÇÕES INACREDITÁVEIS

Um exemplo marcante do que chamamos de crise veridictória se deu em setembro de 2021, quando um áudio de WhatsApp do então presidente Jair Bolsonaro pedia para um grupo de caminhoneiros interromper bloqueios em estradas do país e teve diferentes interpretações nas próprias bolhas bolsonaristas, o que gerou uma cascata de eventos surpreendentes.

Segue a transcrição da fala do ex-presidente aos caminhoneiros e a descrição do ocorrido feita em uma matéria da BBC, veiculada no portal G1 em 9 de setembro de 2021.[6]

> Fala para os caminhoneiros aí, que são nossos aliados, mas esses bloqueios atrapalham a nossa economia. Isso provoca desabastecimento, inflação e prejudica todo mundo, em especial, os mais pobres. Então, dá um toque nos caras aí, se for possível, para liberar, tá ok? Para a gente seguir a normalidade. (BBC News *apud* Portal G1)

"Alguns bolsonaristas que participam da paralisação se disseram 'decepcionados' e 'traídos'" (BBC News *apud* G1). Neste caso, temos a situação do julgamento veridictório de que o áudio era verdadeiro – *parece* a voz de Bolsonaro e *é* –, o que fez com que esse grupo se sentisse traído pelo presidente que, pelo que tudo indica, foi um possível incentivador do levante.

No entanto, outros caminhoneiros se recusaram a acreditar que a voz fosse de Bolsonaro, mesmo depois do então ministro da Infraestrutura daquele governo, Tarcísio Gomes de Freitas, gravar um vídeo confirmando a autenticidade do referido áudio. Nesse caso, estaríamos diante da avaliação de que *até parece* a voz do presidente, mas *não é* de forma alguma, conforme disse um dos caminhoneiros em grupo de WhatsApp: "É fake, mentira. Sairia até nas TVs e rádios".

Conforme foi apurado na já mencionada matéria da BBC News, muitos caminhoneiros passaram a atribuir o áudio de Bolsonaro a Marcelo Adnet, humorista famoso por fazer imitações de personalidades. A transcrição abaixo, veiculada na matéria da BBC News, de mensagem repassada em grupos do WhatsApp e Telegram mostra como essa interpretação circulou entre os caminhoneiros.

GRAUS DE VERIDICÇÃO

ATENÇÃO. Recebi agora a informação de que o áudio dizendo ser do presidente na verdade é do ator globosta Marcelo Adnet, que denigre a imagem do nosso presidente com suas imitações ridículas. Repassem. (BBC News *apud* Portal G1)

Neste caso, o julgamento veridictório seria da ordem da mentira tônica: *parece muito* a voz de Bolsonaro, *mas não é* de forma alguma. Entretanto, outros caminhoneiros partiram para um outro julgamento ainda dizendo que a voz *parecia muito* e *era exatamente* de Bolsonaro, ou seja, tratava-se de uma verdade indubitável, do ponto de vista do plano de expressão da oralidade, mas que seu conteúdo seria da ordem do segredo: "Mas uma interpretação que parece predominar em alguns grupos de caminhoneiros bolsonaristas é a de que o áudio do presidente conteria uma 'mensagem cifrada'", conforme a transcrição abaixo.

Bolsonaro não pode dizer que apoia a paralisação dos caminhoneiros. Se ele fizer isso, sofre impeachment. Ele, no fundo, sabe que quer que seja feito, mas não pode falar. Ele espera isso de nós. (BBC News *apud* Portal G1)

O argumento seria o de que Bolsonaro queria a continuidade das paralisações mas precisaria pedir publicamente o fim da greve, porque, caso contrário, seria alvo de *impeachment* por insuflar uma paralização de serviços estratégicos. Nesse caso, o segredo seria da ordem do conteúdo: *parece muito* que Bolsonaro quer a paralização, mas *não é de forma alguma*, ou seja, um segredo tônico providencial para gerar a comoção que alimentou as mais originais teorias de conspiração.

Fica patente que entender a engrenagem veridictória no ambiente digital é algo essencial para garantirmos algum controle, sobriedade e coerência em relação à nossa condição de expectadores e criadores de mundos discursivos possíveis. As estratégias de circulação dependem fortemente do engajamento sensível dos usuários, no que diz respeito ao incremento passional e afetivo, pelo lado do conteúdo, e à ênfase na dimensão sensorial, relativa ao plano de expressão.

Procuramos mostrar que a dimensão veridictória das trocas não apenas garante a própria existência da interlocução, na medida em que se assenta

63

sobre um pacto fiduciário de confiança em quem diz e crença no que é dito, mas também se estabelece como força propulsora de versões, as mais variadas, que geram adesões mais ou menos apaixonadas aos discursos em circulação, em decorrência da avaliação, em graus, de um *ser* a partir de um *parecer* apresentado.

A exploração dos aspectos sensíveis implicados no jogo de verdades, mentiras, segredos e falsidades, principalmente em ambiente digital, acaba por pautar valores e condutas em massa, gerando posicionamentos contundentes em relação aos fatos do mundo. Os discursos a serem interpretados como verdadeiros ou mentirosos acabam se estabelecendo no terreno movediço das diversas "bolhas" de circulação, em embate contínuo no mundo digital, o que gera um enfraquecimento de balizas interpretativas mais sólidas e estáveis. Nesse movimento, o totalmente inacreditável pode lentamente transformar-se em um resignado até pode ser, forjado pela circulação massiva de uma versão até que seu poder de impacto desvaneça no hábito de sua presença incessante. Entender os meandros dessa dinâmica a partir da noção de veridicção e seus desdobramentos nos permite algum grau de autonomia e reflexão mais apurada sobre o lugar que ocupamos num mundo formado pelo confronto de afetos e versões díspares.

ENTRE MENTIRAS E SEGREDOS

O conceito de veridicção, ou melhor, de contrato de veridicção que fundamenta este livro foi exposto nos capítulos anteriores. Neste capítulo específico sobre os discursos mentirosos, serão retomados e desenvolvidos alguns dos pontos teóricos já apresentados.

Greimas define a veridicção como um efeito de sentido decorrente de um contrato enunciativo, estabelecido entre o destinador e o destinatário da comunicação. Em outras palavras, não se trata da adequação do discurso a um referente externo, mas de sua interpretação como verdadeiro, conforme o contrato estabelecido entre destinador e destinatário. A veridicção é tratada, assim, no âmbito dos estudos narrativos da manipulação e no dos estudos da modalização dos enunciados de estado (modalização epistêmica pelo saber e pelo crer, modalização veridictória) (Greimas e Courtés, 2008; Greimas, 1975; 2014).

No quadro da manipulação são observados o contrato veridictório proposto pelo enunciador, as estratégias por ele usadas para levar o enunciatário a interpretar sua proposta como verdadeira ou falsa e os meios pelos quais o enunciatário interpreta a proposta do enunciador e nela acredita ou não.

65

Em outras palavras, o enunciador do discurso escolhe um regime de veridicção e procura fazer seu enunciatário entender o discurso segundo o contrato proposto e nele acreditar ou não. O enunciatário, por sua vez, interpreta o discurso a partir de seus conhecimentos, crenças e emoções e da capacidade de persuasão do enunciador-manipulador. Se o contrato mais frequente de um destinador é para que o destinatário interprete o discurso proposto como verdadeiro, muitas variações de propostas são possíveis. Os textos de "histórias de pescador", por exemplo, devem ser, segundo o contrato estabelecido entre destinador e destinatário, interpretados como falsos. No próximo capítulo, o regime de crença será tratado mais detalhadamente.

Os estudos da modalização, por sua vez, definem a veridicção decorrente desses contratos pelas relações modais entre o ser e o parecer, que determinam os discursos como verdadeiros (que parecem e são), mentirosos (que parecem, mas não são), secretos (que não parecem, mas são) ou falsos (que não parecem e não são). Os discursos verdadeiros e os falsos são discursos implicativos, que parecem e, tendo em vista, então, as expectativas do enunciatário, são interpretados como verdadeiros ou não parecem e, por isso mesmo, são considerados falsos. Já os discursos mentirosos e os secretos são discursos concessivos, ou seja, que embora pareçam, não são, entretanto, contrariando o que é esperado, ditos verdadeiros ou, ainda que não pareçam, são, contudo, entendidos como verdadeiros. A concessividade, ao não atender às expectativas daquele que interpreta, caracteriza, portanto, discursos do acontecimento, mais tônicos, sensoriais e emocionais, que se opõem aos discursos implicativos e esperados do exercício.

Para tratar da verdade e, no caso deste capítulo, da mentira, na perspectiva semiótica, temos, portanto, que examinar os contratos enunciativos instaurados entre enunciador e enunciatário e, principalmente, as estratégias usadas pelo enunciador para obter sucesso no estabelecimento da verdade de sua proposta e os conhecimentos, as crenças e as emoções do enunciatário que o levam a interpretar a proposta veridictória segundo o acordo realizado ou a recusá-la.

O que está sendo chamado hoje em dia de discursos mentirosos ou da desinformação, como, por exemplo, as *fake news*, são discursos que são interpretados como tal (parecem verdadeiros, mas não são) ou mesmo

ENTRE MENTIRAS E SEGREDOS

como falsos (não parecem e não são verdadeiros), mas que, segundo certos contratos de veridicção, são considerados verdadeiros (que parecem e são). O destinador desses discursos propõe um contrato veridictório de "discurso verdadeiro" e usa um conjunto de estratégias para obter essa interpretação de seu destinatário. Ele espera, com esses procedimentos, fazer a passagem de um discurso concessivo (o da mentira) a um discurso implicativo (o da verdade), obtendo, assim, a adesão do destinatário a seus valores, tornando-os, pouco a pouco, valores esperados pelo destinatário e parte de seu quadro de crenças. O destinatário que, por sua vez, basear sua interpretação, sobretudo ou apenas, em suas crenças e emoções, ignorando seus conhecimentos, vai fazer essa passagem mais facilmente, entender os discursos mentirosos como verdadeiros e neles acreditar. Quando a interpretação se baseia principalmente nas crenças e emoções do destinatário interpretante, os discursos mentirosos são entendidos como verdadeiros; a concessão torna-se implicação; o acontecimento extraordinário vira exercício.

Os estudos desenvolvidos neste capítulo procuram apontar, sobretudo, os fundamentos discursivos das estratégias empregadas pelo enunciador nessa operação e construir, enfim, saber sobre esses discursos, de forma a que se possa desmascará-los. Ao mesmo tempo, pretendem entender melhor a questão dos conhecimentos, das emoções e das crenças do enunciatário convocados nas interpretações. Em resumo, serão examinados procedimentos de persuasão e interpretação da verdade dos discursos.

ESTRATÉGIAS DE MANIPULAÇÃO NOS DISCURSOS MENTIROSOS

O conceito de pós-verdade, examinado em diferentes perspectivas teóricas da chamada pós-modernidade, pode ser recuperado e reinterpretado no quadro da proposta semiótica de veridicção. Simplificadamente, entende-se a pós-verdade, nesse quadro, como resultante de interpretação baseada, sobretudo ou apenas, nas crenças e emoções do destinatário interpretante. Dessa forma, por mais absurdos que pareçam, os discursos cujos valores estão de acordo com as crenças e os sentimentos do destinatário são por ele considerados verdadeiros. Quando a interpretação só leva em conta as crenças e emoções do destinatário que interpreta, está preparado o solo em que germinarão os diferentes tipos de discursos baseados na mentira.

A produção e disseminação dos textos mentirosos são estratégias de persuasão usadas pelo enunciador para convencer o enunciatário a acreditar em seus valores (os do enunciador) e a agir a partir dessa crença. Para tanto, o enunciador verifica (e isso é hoje feito por máquinas, por meio de filtros, comandados por algoritmos, na internet) quais são já os valores e as crenças do enunciatário que o levarão a interpretar certos textos como verdadeiros e outros como falsos; e/ou prepara o terreno para que o enunciatário pouco a pouco acredite nesses valores e construa a pós-verdade almejada por ele, enunciador. Em outras palavras, as pessoas tendem a acreditar nas informações que apoiam suas visões e valores, e a desconsiderar as que dizem o contrário.

Confiança e credibilidade

A manipulação nos discursos mentirosos visa ganhar a confiança do enunciatário e, sobretudo, a promover o ajustamento emocional e sensorial entre enunciador e enunciatário. Para a construção e a boa aceitação das notícias falsas, dois são, assim, os objetivos principais do destinador do texto: estabelecer relação de credibilidade e adesão emocional e sensorial com seu destinatário.

O contrato de confiança ou contrato fiduciário estabelecido entre sujeitos é, na maior parte das vezes, um contrato imaginário, um simulacro (Greimas, 2014). Os simulacros, embora sejam imaginários e não tenham fundamento intersubjetivo, determinam, mesmo assim, as relações entre sujeitos. Para se obter a confiança do destinatário e construir uma relação de credibilidade, as estratégias fundamentais nas *fake news* e em outros tipos de discursos mentirosos são as mesmas de quaisquer tipos de discurso, quem sabe mais exacerbadas. São elas, sobretudo, a ancoragem e as "camuflagens" subjetivantes e objetivantes, decorrentes, a primeira, de procedimentos da semântica discursiva, e as últimas, sobretudo da sintaxe discursiva.

Na ancoragem, o enunciador emprega procedimentos de figurativização do discurso, em geral no ponto extremo da iconização, para obter efeitos de realidade ou de referente, que segundo Greimas e Courtés (2008) conduzem, por sua vez, a que se interprete o discurso como verdadeiro: "a criação de ilusões referenciais, percebe-se, serve sempre para produzir efeitos de sentido 'verdade'" (2008: 486). O enriquecimento semântico do discurso, decorrente da figurativização, produz a ilusão de realidade e estabelece relações de confiança e credibilidade entre o enunciador e o enunciatário. Em outras palavras, o discurso é ancorado em atores, lugares e datas que o enunciatário reconhece como "reais", "existentes", pois constituem o simulacro de um referente externo. Os efeitos de realidade são obtidos também com o emprego das chamadas debreagens internas (em discurso direto), já que "o diálogo, inserido num dado discurso narrativo, referencializa este último [...]" (Greimas e Courtés, 2008: 486).

No segundo bloco de procedimentos de manipulação para a obtenção de credibilidade, também identificados por Greimas (2014) no âmbito da sintaxe discursiva, encontram-se a "camuflagem objetivante" e a "camuflagem subjetivante". No primeiro caso, para ganhar a confiança do enunciatário e fazer seu discurso ser reconhecido como verdadeiro, o enunciador "apaga, tanto quanto possível, todas as marcas da enunciação". No segundo, o sujeito da enunciação manifesta-se explicitamente enquanto tal, afirmando-se como um "eu fiador da verdade". Essas questões foram mais bem desenvolvidas no primeiro capítulo deste livro.

A ilustração das várias estratégias usadas pelo enunciador para ganhar a confiança do enunciatário será feita com um trecho do texto "Os erros de Luís!" (*sic*), que faz críticas a Lula e foi, em janeiro de 2018, atribuído a Marieta Severo, no WhatsApp:

> Como você errou Luís [*sic*]…Errou ao perder um dedo [...]! Errou ao elogiar Chaves, Evo, Maduro, errou na manipulação…[...] Você errou Luís... E já passou da hora de pagar por seus erros... Quem sabe, em sua arrogância insana, você até se sinta feliz.... Afinal você vai em cana! E cana é tudo o que você sempre quis!

O texto está em primeira pessoa, apresentada como "fiadora da verdade", como vimos no primeiro capítulo. Ele é um desabafo, um testemunho desse

A CONSTRUÇÃO DA VERDADE

fiador. Os dois recursos (o do emprego da primeira pessoa e o do testemunho) criam laços de sensorialidade e afetividade entre enunciador e enunciatário e contribuem para o estabelecimento de relações de confiança entre eles. Além disso, a ancoragem do texto no ator Marieta Severo, que o destinatário reconhece como "real", produz efeito de referente ou de realidade e contribui para que se reforcem os laços de confiança, de credibilidade. Com esses procedimentos, o texto tenta, e para muitos enunciatários consegue, esconder o que uma análise mais acurada exporia, que seus valores e estilo não são os do ator da enunciação Marieta Severo – a atriz sempre se disse de esquerda; que ela é usuária de um estilo linguístico culto e não erraria, por exemplo, o nome de Luiz Inácio ou usaria de forma exagerada e inadequada os pontos de exclamação; suas escolhas temáticas e figurativas e seu estilo tampouco permitiriam que fizesse piada com o dedo mutilado de Lula e com sua prisão ou o chamasse de bêbado.

Adesão emocional e sensorial

Para propiciarem ou facilitarem uma interpretação mais emocional e sensorial, como acontece nas *fake news*, os procedimentos discursivos, textuais e intertextuais usados são mais específicos. Por essa razão, a partir do exame discursivo dessas estratégias, pode ser mais facilmente desvendada a organização dos discursos mentirosos e desmascarada a mentira. Em outras palavras, as *fake news* podem ser desmascaradas a partir do exame de seus próprios textos.

O enunciador de *fake news* emprega estratégias que promovem a adesão emocional e sensorial do enunciatário para levá-lo a interpretar o parecer de seu discurso mentiroso como verdadeiro, para transformar a concessão em implicação. Ao conseguir isso, o enunciatário vai nele acreditar, vai com ele compartilhar crenças e valores.

Pode dar a impressão, com essa proposta, de que se está recorrendo a referentes, a elementos da exterioridade discursiva, e sendo, dessa forma, incoerentes com o que dissemos sobre a veridicção e sobre a verdade como "efeito de sentido" decorrente de negociações no âmbito de um contrato enunciativo veridictório. Não. A semiótica, ao assumir, desde seus princípios, uma postura epistemológica "não referencialista", não trata da "exterioridade" discursiva como "exterioridade", ou seja, como algo exterior ao texto ou ao discurso, mas não deixa de examinar, sob outro prisma e com outros nomes, as "verdades" que os sujeitos produzem em seus contratos enunciativos, ou seja, as variadas questões que, em quadros teóricos diferentes, são denominadas "exterioridade". Dessa forma, as relações sócio-históricas, que participam da construção dos sentidos dos textos, são abordadas na semiótica de duas formas principais: pela análise da organização linguístico-discursiva dos textos, em especial da semântica do discurso, isto é, de seus percursos temáticos e figurativos, que revelam, de alguma forma, as determinações sócio-históricas inconscientes (ver Fiorin, 1988a; 1988b); pelo exame das relações intertextuais e interdiscursivas que os textos e os discursos mantêm com aqueles com que dialogam (ver Discini, 2002; 2003).

Os procedimentos usados nos discursos mentirosos para se obter a adesão do destinatário, e que permitem o desmascaramento da mentira, estão assim relacionados à organização do discurso e do texto e aos diálogos que ele mantém com outros textos e discursos. Essas estratégias têm em comum o fato de produzirem efeitos de sentido de contradição, incoerência, ruptura, estranhamento e de aparecerem nos discursos mentirosos de quaisquer tipos. Em outras palavras, os procedimentos próprios da persuasão do destinador em textos mentirosos são "anomalias" na organização do discurso e do texto e, também, nos diálogos com outros textos e discursos. São, em geral, diferentes tipos de procedimentos retóricos, embora muitos deles não tenham sido descritos tradicionalmente pela Retórica. Sobre essa questão, Fiorin diz que devemos levar em conta os estudos retóricos antigos, mas que "não estamos condenados a repeti-los servilmente" (Fiorin, 2015: 265).

PROCEDIMENTOS PARA A CONSTRUÇÃO DA MENTIRA NOS TEXTOS E DISCURSOS

Serão examinados, nesta seção, os dois grupos de procedimentos próprios dos textos mentirosos: anomalias na organização do discurso e do texto e, também, nos diálogos com outros textos e discursos.

Desses "rasgos na normalidade" decorrem efeitos de tonicidade nos textos e laços emocionais e sensoriais entre os sujeitos envolvidos nos discursos mentirosos. São eles, assim, uma das razões principais que levam bilhões a acreditar nos discursos mentirosos, interpretando-os como verdadeiros. Renata Mancini (2020a), com base na Semiótica discursiva, mais especificamente na abordagem tensiva de Claude Zilberberg (2004, 2007, 2011), ajuda a entender a questão. Afirma ela, ao tratar da tradução e da adaptação, que "o que se traduz é o *projeto enunciativo,* esse 'espírito' da obra de partida que molda suas características mais marcantes" e completa dizendo que "dele faz parte o que denominamos *arco tensivo,* um perfil sensível da obra, passível de ser modulado a partir do conjunto de estratégias de textualização de que o enunciador se vale, com suas *cifras tensivas* subjacentes" (Mancini, 2020a: 3). As estratégias de textualização, como, por exemplo, a exacerbação de elementos passionais, o jogo de imprevistos, a apresentação súbita, o andamento acelerado constroem, para a autora, os "acentos" dos textos e discursos, e causam susto, estranhamento, surpresa e comoção no leitor (2020a: 10, 13). Essa pesquisa contribui com as propostas de exame dos discursos na internet, definidos pela complexidade, sobretudo entre fala e escrita, verbal e visual, público e privado, e com os estudos dos discursos da desinformação.

Diálogos que o discurso ou o texto em exame mantém com outros textos e discursos

O dialogismo, definidor de qualquer texto, aparece, em geral, de forma explícita nos discursos mentirosos, como as *fake news*, e permite determinar com que textos eles dialogam polêmica e contratualmente. Trata-se, em geral, de procedimento de intertextualidade mostrada e que pode ser reestabelecida a partir do próprio texto em exame. Os diálogos com outros textos e discursos, como estratégias do tipo das de ancoragem, são empregados pelo destinador dos discursos mentirosos para produzir efeitos de sentido de credibilidade. Assim, por exemplo, o destinador usa uma linguagem aparentemente científica ou menciona uma pessoa conhecida e de prestígio na área em questão para ganhar a confiança do destinatário. Ao mesmo tempo, porém, esses diálogos, se bem examinados, apontam incoerências e contradições entre as vozes, como vimos ocorrer, por exemplo, no caso citado da *fake news* atribuída a Marieta Severo, e, dessa forma, permitem, muitas vezes, seu desmascaramento. Essas polêmicas ocorrem com discursos de especialistas da área temática dos discursos mentirosos; com textos neles explicitamente citados ou de e sobre pessoas neles mencionadas; com outros textos de seus enunciadores; ou ainda com o "mesmo" texto, mas em outro contexto (Barros, 2020a; 2020b). São apresentadas a seguir e muito rapidamente duas ilustrações de diálogos "polêmicos":

- com discurso de especialista da área temática da *fake news*, conforme a categoria homônima que identificamos no primeiro capítulo: é um vídeo em que Jorge Gustavo se apresenta como um químico "autodidata" e usa metalinguagem e argumentos aparentemente científicos da Química para afirmar, categoricamente, que passar álcool em gel nas mãos não só não é eficaz na prevenção de infecções por vírus e bactérias, como favorece a transmissão de doenças como a covid-19, e propõe, em seu lugar, o uso do vinagre; o discurso "científico" e a metalinguagem da Química são estratégias para produzir credibilidade e fazer acreditar no texto e funcionam bem; quando, porém, se recupera o diálogo com os textos da Química, verifica-se que os estudiosos da área desmentem o que nele é dito sobre o álcool em gel e afirmam que o vinagre não mata o vírus; a intertextualidade indica que o texto do vídeo não se sustenta na área da Química, pois se contrapõe, com erros técnicos e conceituais e sem apresentar evidências, ao conhecimento científico já adquirido sobre a questão;
- com textos explicitamente citados na *fake news:* o caso selecionado é o de *fake news* que diz que a "mortalidade do covid na Itália foi falsificada", foi aumentada, conforme mostra um "estudo de Oxford"; esse estudo produz efeito de realidade e de referente, pois faz o papel de argumento de autoridade; as estratégias convencem bem, a não ser que se leia o estudo de Oxford, pois ele não fala que a mortalidade foi falsificada, ele diz que a metodologia na Itália foi a de considerar mortos pelo coronavírus todos aqueles cujos testes da doença foram positivos, independentemente das doenças prévias dos pacientes, e que, se fosse adotada outra metodologia (a de excluir os que, mesmo com covid-19, já tivessem outras doenças, ou seja, todos os infectados), o resultado seria diferente.

Organização discursiva e textual

Diferentes estratégias de organização discursiva e textual são empregadas pelo enunciador dos discursos e textos mentirosos para persuadir seu enunciatário, levando-o a nele acreditar. Esses mecanismos, juntamente com os diálogos com outros textos e discursos, criam também efeitos de anomalia, estranhamento e tonicidade. Essas estratégias são procedimentos tanto do plano do conteúdo dos textos quanto do da expressão e envolvem os diferentes níveis de análise dos textos e discursos. Assim, as anomalias na relação entre expressão e conteúdo, entre verbal e visual, entre a sonoridade e a visibilidade dos textos relacionam-se ao plano da expressão, os desarranjos narrativos, as rupturas entre vozes ou na organização argumentativa, temática ou figurativa dos discursos, estão ligadas ao plano de conteúdo. Alguns dos procedimentos são: ruptura e mudança semântica incoerente; vícios de argumentação; transformação de tempos, espaços e atores por meio da programação textual; contradição entre a organização semântica do verbal e a do visual. Três *fake news*, as duas primeiras com procedimentos do plano do conteúdo do discurso, a terceira com estratégias na relação entre expressão e conteúdo, serão rapidamente analisadas:

- vícios de argumentação, como o da conclusão indevida: o exemplo é de uma *fake news* divulgada, entre outros, pelo então presidente Bolsonaro, que apresenta uma interpretação enganosa de um texto publicado pelo Centro de Controle e Prevenção de Doenças dos Estados Unidos (Center for Disease Control; CDC), dizendo que o artigo estabelece relação causal entre o HIV e a vacinação contra a covid-19. O estudo, na verdade, informa apenas que parte dos participantes observados pelos pesquisadores já vivia previamente com o vírus HIV. A conclusão indevida, pois não há qualquer base para isso, é a de que existe relação entre a vacina e a propagação do vírus da Aids;
- ruptura e mudança semântica ("fuga do tema"): é o que acontece na segunda parte da *fake news*, já mencionada, de Jorge Gustavo, "químico autodidata", pois, se na primeira metade do texto mantém-se a leitura aparentemente "científica" sobre o álcool em gel e o vinagre, na

segunda parte, o enunciador rompe esse percurso temático e figurativo e muda de tema ou de assunto, de forma abrupta e problemática, quando diz que o álcool em gel não deve ser usado para não dar lucro para a rede Globo e os jornais; essa ruptura de isotopia causa estranhamento e, com isso, atrai o enunciatário, propicia sua maior adesão e o faz acreditar; pode, também, desmascarar o caráter mentiroso do vídeo; o caso serve ainda para apontar que, em geral, as *fake news* usam, em um mesmo texto, os dois tipos de procedimentos – os diálogos polêmicos e as anomalias na organização discursiva e textual;

- contradição entre a organização semântica do verbal e a do visual, em geral, com descompassos entre a legenda e a imagem, em foto ou vídeo; pode-se ilustrar com a *fake news* de uma mulher em manifestação na avenida Paulista, imobilizada por uma chave de braço; a fotografia foi, na notícia falsa, descontextualizada e recebeu uma livre interpretação verbal, mais condizente com os valores que o enunciador quer comunicar do que com os temas e as figuras da imagem apresentada: entre outros descompassos do verbal e do visual, observa-se que o verbal diz que a mulher "parte pra cima de um idoso", quando na imagem é o idoso que vai para cima dela, e que o idoso é tratado, no texto verbal, como mais frágil do que a mulher, embora a imagem mostre um homem forte e musculoso.

Podemos concluir, portanto, que são os confrontos de vozes e os desarranjos ou as rupturas nos diferentes níveis de organização discursiva e textual as estratégias de construção da manipulação característica dos discursos mentirosos. A intensidade tônica decorrente dessas anomalias e estranhamentos engaja o destinatário pela emoção e pela sensorialidade. A análise desses procedimentos mostra, posto em prática, o projeto enunciativo estabelecido entre enunciador e enunciatário, as estratégias de manipulação usadas e as razões que levam o enunciatário a aderir, de forma emocional e sensorial, à proposta e aos valores do enunciador e a neles acreditar. Com esse saber é possível, também, desmontar e desmascarar os discursos desse tipo. Esse modo de conceber os discursos mentirosos permite ainda aproximá-los dos discursos poéticos e humorísticos, conforme será observado mais tarde, na seção específica sobre a veridicção nesses discursos.

A VERIDICÇÃO NA INTERNET

O material analisado na pesquisa foi, a maior parte dele, obtido nas redes sociais. Como os procedimentos usados na internet para produzir discursos somam estratégias próprias da fala com as específicas da escrita e usam ainda recursos do verbal e do visual, há exacerbação tônica e grande alcance desses discursos em relação à intolerância e à mentira.

As relações veridictórias modais entre o ser e o parecer, que determinam os discursos como verdadeiros, mentirosos, secretos ou falsos e levam seus destinatários a neles acreditar ou não, apresentam na internet características próprias (Barros, 2015; 2016b). Eles são, em geral, considerados verdadeiros, ou seja, que parecem e são verdadeiros, e, mais do que isso, que eles são discursos que desmascaram a mentira ou revelam o segredo. Essa interpretação decorre das duas principais especificidades do discurso na internet: a do efeito de sentido de grande quantidade de saber armazenado pela internet ("que sabe tudo", que é extensa, como a escrita), pois, com isso, o enunciador é colocado pelo enunciatário interpretante na posição de sujeito do saber; a do efeito de sentido de interatividade intensa (como na fala). Devido a essas características, o destinatário se considera, em boa parte, também como "autor-destinador" do discurso e nele, portanto, acredita. Esses dois traços próprios dos discursos na internet decorrem de sua "complexidade" no sentido semiótico: os procedimentos neles usados somam, de forma concessiva, estratégias próprias da fala com as específicas da escrita e, ainda, do verbal e do visual, entre outras. Por essas razões, os discursos na internet garantem, de forma privilegiada, a exacerbação tônica e o grande alcance dos discursos intolerantes e mentirosos.

Intolerância e mentira

Barros apresentou, em vários estudos (2008, 2011b, 2012, 2013, 2016a, 2016b), uma proposta teórica e metodológica, fundamentada na Semiótica discursiva francesa, para o exame dos discursos intolerantes de diferentes tipos – racista, fascista, separatista, sexista, purista – e em gêneros diversos – político, publicitário, poético, científico e outros –, buscando, com isso, contribuir, na perspectiva dos estudos do discurso, com o exame da intolerância, que tem sido estudada nos mais diversos campos do conhecimento. Dessa forma, foram apontados os principais procedimentos e estratégias usados nesses discursos – a organização narrativa dos discursos intolerantes como discursos de sanção; seu caráter fortemente passional, com ênfase nas paixões do medo e do ódio; os percursos temáticos e figurativos da diferença (em que o diferente é animalizado, considerado "anormal", doente de corpo e de mente, sem estética e sem ética); sua organização tensiva no regime da triagem e não no da mistura (Fontanille e Zilberberg, 2001; Zilberberg, 2004, 2007, 2011). Os discursos intolerantes, portanto, consideram o "diferente" como aquele que rompe pactos e acordos sociais, que profana o grupo em que está "misturado", por não ser humano, por ser contrário à natureza, por ser doente, feio e imoral, e que, por isso mesmo, é temido, odiado, sancionado negativamente e punido com a triagem por exclusão.

Os discursos mentirosos são discursos intolerantes, ou seja, são discursos de desqualificação de sujeitos ou de grupos sociais que não cumpriram os acordos ou contratos sociais e, do ponto de vista passional, caracterizados pelo medo e pelo ódio, tal como ocorre nos discursos intolerantes e preconceituosos.

Deve-se observar ainda que os discursos mentirosos não apenas são discursos preconceituosos e intolerantes, mas neles a intolerância é exacerbada, sobretudo como xenofobia, racismo, intolerância em relação à esquerda, ao professor e ao cientista. Muito divulgadas, as *fake news* são responsáveis pelo aumento da intolerância, do preconceito e da violência, no mundo e no Brasil, em especial. Nos discursos mentirosos, tal como nos intolerantes, ocorre uma sanção negativa aos que "não cumpriram os acordos ou contratos sociais", ou seja, aos "maus cidadãos", preguiçosos ou vagabundos, que querem o isolamento social para não trabalhar; aos que são de esquerda e, portanto, antipatrióticos; aos fracos e idosos, que morrem com uma "gripezinha" e comprometem a economia do país e o governo.

Nas *fake news* políticas examinadas, um dos temas recorrentes é o da oposição entre riqueza e pobreza. Aparece, por exemplo, em notícia falsa sobre uma fazenda em Tocantins atribuída a Lula. A análise mostra que não se trata do tema da desigualdade social ou do tema da luta de classes, mas do da "má" riqueza, que se opõe à "boa" riqueza dos que têm, por exemplo, esse direito por herança, por já terem nascido ricos. Assim, no texto sobre a fazenda de Lula, a existência no Brasil de uma fazenda "fantástica" e enorme, de um latifúndio, não era problema, pois o destinador acreditava ser a "boa" riqueza. A questão estaria no fato de ela "pertencer" a Lula (segundo a placa, pois ela, na realidade, pertence a um fazendeiro da região, cujo apelido é, também, Lula) e, portanto, só poder ter sido obtida com "dinheiro roubado". Daí a indignação, no texto, daquele que trabalha e come "arroz puro com batatinha":

> Uma fazenda que realmente chama a atenção, certo? Terra de boa cultura. Quanto a isso, tudo OK. Maravilha pura. [...] Aí do outro lado, fui olhar para prestar atenção porque eu gosto de fazenda. Olha só, pasto muito bem formado, invernadas extensas, é uma fazenda que realmente chama a atenção. [...] Do outro lado, vou ligar o celular para vocês verem, tem uma moitinha de gado, bonito ali. Mas eu gostaria que vocês prestassem atenção nessa placa. Olha só! Leiam direito. Aí eu fiquei indignado. Será de quem que é? [...] Será que é do larápio?

Ainda a respeito dos temas e figuras, que expõem os valores do texto, as *fake news* sobre a pandemia organizam-se em três grupos temáticos (Barros, 2019; 2020b): o das recomendações e instruções, tanto para prevenir ou evitar a doença quanto para curá-la; o das teorias conspiratórias e atribuições de culpas e responsabilidades pelo aparecimento ou propagação da epidemia e pelos tratamentos propostos, sobretudo a vacina; o das notícias que defendem o então presidente Bolsonaro e suas opiniões e decisões sobre a pandemia no país e criticam e atacam os que a ele se opõem sobre a questão, e que são especificamente brasileiras. Nos exemplos analisados os três temas ocorreram, muito embora o terceiro tema, também político, tenha perpassado praticamente todas as *fake news* encontradas.

Muitas *fake news* parecem inócuas, mas são no mínimo irresponsáveis e, muitas delas, criminosas. No campo da saúde, algumas das recomendações parecem não causar danos à saúde, como as que indicam chás de alho ou erva-doce, sopas ou água com limão, e até ser benéficas para o organismo, tais como tomar sol, beber água ou comer frutas. Mas, mesmo nesses casos, o risco está em se acreditar que se está protegido da doença e não tomar as precauções comprovadas de higiene e isolamento social, ou, em casos de contaminação pelo vírus, não tomar as providências necessárias para o tratamento e/ou automedicar-se com substâncias que não matam o vírus, nem curam a doença. Na maior parte dos casos, portanto, mesmo as *fake news* de instrução são muito perigosas para a saúde das pessoas e para a saúde pública, por causar pânico na população (no caso de dizer que o álcool em gel não mata o vírus, por exemplo); por confundir a população com informações desencontradas (no caso do ir e vir sobre a vacinação de crianças e adolescentes ou do uso de máscaras, entre outras); por desqualificar, sem comprovação, estudiosos, pesquisadores, especialistas e profissionais da área da saúde e, também, por fomentar o medo e o ódio (nas *fake news* com o tema das teorias da conspiração e nas *fake news* políticas, em geral, da área da saúde ou de fora dela).

Os discursos mentirosos são, insistimos, recursos para desqualificar e acusar os inimigos, os oponentes, os diferentes, aqueles que não fazem parte do grupo ou da nação homogeneamente construída nesses discursos e seus encaminhamentos nas redes sociais procuram persuadir o destinatário, que é apresentado como parte do grupo ou da nação, a tomar partido na luta. Daí os pedidos de ajuda para viralizar, divulgar, compartilhar as *fake news*.

TIPOS DE DISCURSOS DE DESINFORMAÇÃO

Há dois destacados tipos de discursos de desinformação: as *fake news*, já examinadas, e as falsas revisões da História e da ciência.

Para tratar das falsas revisões da História e da ciência, será retomada, muito rapidamente, a proposta de Barros (2022) sobre as operações e percursos da veridicção. No artigo citado, Barros propõe quatro percursos diferentes a partir das operações realizadas com os metatermos do quadrado de veridicção:

Percurso A: falsidade → mentira → verdade
Percurso B: verdade → segredo → falsidade
Percurso C: falsidade → segredo → verdade
Percurso D: verdade → mentira → falsidade

A CONSTRUÇÃO DA VERDADE

Esses percursos caracterizam modos diferentes de veridicção nos discursos. O percurso A é o das *fake news*; o B, o dos discursos de falsa revisão da História e da ciência e dos conspiratórios; o C, o dos humorísticos, como as charges, e dos discursos poéticos, em geral; o D, o dos discursos contrários aos intolerantes e, principalmente, aos de preconceitos estruturais.

No percurso A, o das *fake news*, o destinador nega a falsidade que não parece (e não é) e coloca como seu contraditório a mentira que parece verdadeira (mas continua a não ser) e, a partir daí, por implicação, estabelece a verdade, operando uma segunda passagem, em que o *parecer,* positivo tanto na mentira quanto na verdade, seleciona o *ser* da verdade, em lugar do *não ser* da mentira. Nesse percurso, é o *parecer* que tem papel predominante nas operações. Para realizar essas operações são usados os procedimentos que já observamos nas *fake news.* Assim, quando Jorge Gustavo, "químico autodidata", diz que o álcool em gel não protege contra a covid e dá lucro para a Rede Globo e os jornais e que o vinagre é mais eficiente nessa proteção, ele usa os procedimentos mencionados de intertextualidade com os discursos da Química e de ruptura da coerência semântica para convencer seu destinatário e operar a passagem da falsidade à mentira (nem parece, nem é verdade o que está dizendo, segundo, entre outros, os discursos científicos, mas ele constrói, com sua persuasão, o parecer-verdadeiro) e, em seguida, da mentira à verdade (graças à adesão emocional do destinatário, que vai interpretar como não só parecendo, mas sendo verdadeiro).

O percurso B caracteriza um tipo diferente de desinformação, o das falsas revisões do passado e da História ou do negacionismo. Os discursos de falsa revisão da História e da ciência usam os mesmos procedimentos de persuasão que encontrados nas *fake news*, com ênfase, porém, nos diálogos com outros textos, recurso mais relevante e quase exclusivo, nesse caso. Pode-se exemplificar o negacionismo com as revisões do ministro das Relações Exteriores do governo Bolsonaro, Ernesto Araújo, que disse que o nazismo foi um fenômeno de esquerda ou as muitas releituras sobre o caráter "brando", democrático e civil da ditadura militar no Brasil. Diálogos mostrados são usados pelo destinador como estratégias de manipulação dos destinadores dessas falsas retomadas, com a finalidade de persuadir e convencer seus destinatários. E são também as relações intertextuais que permitem mostrar a desinformação desse discursos. No caso da revisão da história do nazismo feita pelo ministro brasileiro, por exemplo, estabelecem-se diálogos, entre outros, com manifestações do embaixador da Alemanha no Brasil, Georg Witschel, e com considerações, amplamente consensuais, de historiadores brasileiros e estrangeiros que mostram ser historicamente incorreto, ou mesmo um absurdo, associar o nazismo a um movimento de esquerda.

Repetimos que os discursos negacionistas são construídos com as operações do percurso B: os enunciadores desses discursos (o ministro e os que afirmam o caráter brando, democrático e civil da ditadura militar no Brasil) operam, sobretudo, com estratégias de retomada de outros discursos, a passagem da verdade ao segredo – ou seja, nega-se, nesse primeiro momento, que parecia verdade que a ditadura era militar e torturou e matou e afirma-se o não parecer do segredo – e, em seguida, do segredo à falsidade – nem parecia nem era verdade que a ditadura era militar e que matou e torturou. Tal como no percurso A, a *aparência* seleciona a *essência* e, por implicação, estabelece-se a falsidade da História. Esses discursos negacionistas recusam verdades, amplamente consensuais, de historiadores e cientistas brasileiros e estrangeiros que mostram ser historicamente incorreto, ou mesmo um absurdo, associar o nazismo a um movimento de esquerda ou considerar a ditadura militar no Brasil como um movimento democrático.

As operações da veridicção que constituem os percursos A e B são as dos discursos mentirosos de diferentes tipos. Elas se distinguem, portanto, das dos percursos C e D, que marcam outros contratos fiduciários e veridictórios. Trataremos na próxima seção do percurso C para poder fazer algumas comparações esclarecedoras com os discursos da desinformação que nos interessam neste livro.

A VERIDICÇÃO NOS DISCURSOS POÉTICOS E HUMORÍSTICOS

No quadro dos estudos da veridicção, os discursos mentirosos, os poéticos e os humorísticos aproximam-se e diferenciam-se.

Os discursos poéticos em sentido amplo (poesia ou prosa, verbal, visual ou musical) e os humorísticos têm em comum com os discursos mentirosos o fato de buscarem, com estratégias que produzem estranhamento e tonicidade nos textos, a adesão emocional e sensorial do enunciatário. Rupturas e estranhamentos de diferentes tipos, tal como nos discursos mentirosos, dão intensidade tônica aos discursos poéticos e aos humorísticos e neles criam efeitos de sensorialidade e figuratividade, no caso, estéticas e/ou que fazem rir. Para ilustrar a questão, retoma-se, resumidamente, a análise de Barros (2004: 14-18) do poema "Os reinos do amarelo", de João Cabral de Melo Neto (publicado hoje pela Alfaguara, Rio de Janeiro, em *A educação pela pedra*), em estudo sobre a figurativização:

Os reinos do amarelo

A terra lauta da Mata produz e exibe
um amarelo rico (se não o dos metais):
o amarelo do maracujá e os da manga,
o do oiti-da-praia, do caju e do cajá;
amarelo vegetal, alegre, de sol livre,
beirando o estridente, de tão alegre,
e que o sol eleva de vegetal a mineral,
polindo-o, até um aceso metal de pele.
Só que fere a vista um amarelo outro,
e a fere embora baço (sol não o acende):
amarelo aquém do vegetal, e se animal,
de um animal cobre: pobre, podremente.

Só que fere a vista um amarelo outro:
se animal, de homem: de corpo humano;
de corpo e vida; de tudo o que segrega
(sarro ou suor, bile íntima ou ranho),
ou sofre (o amarelo de sentir triste,
de ser analfabeto, de existir aguado):
amarelo que no homem dali se adiciona
o que há em ser pântano, ser-se fardo.
Embora comum ali, esse amarelo humano
ainda dá na vista (mais pelo prodígio):
pelo que tardam a secar, e ao sol dali,
tais poças de amarelo, de escarro vivo

(Melo Neto, 1975: 28 © by herdeiros de João Cabral de Melo Neto).

Nesse poema, o tema da miséria e do sofrimento do homem nordestino, em oposição à riqueza e à beleza da natureza do Nordeste, é investido figurativamente por dois "amarelos", o amarelo da natureza e o amarelo da cultura. A riqueza e a beleza da natureza do Nordeste são figurativizadas, sobretudo, pelas frutas e pelo Sol, em diferentes ordens sensoriais. Os traços semânticos sensoriais que concretizam, nas frutas e no Sol, a riqueza e a beleza naturais são os visuais da cor "quente", "pura", brilhante, os gustativos e olfativos dos cheiros e gostos "bons", doces, os auditivos dos sons estridentes, fortes e harmoniosos, os táteis do quente e do liso agradáveis. Tais traços opõem-se, como termos contrários, aos elementos semânticos sensoriais que concretizam a miséria e o sofrimento do homem nordestino: o visual "frio", "sujo" e opaco da cor da pele, o gosto e o cheiro amargos, "ruins" ou aguados, que o corpo humano exala, no sofrimento; os atributos auditivos do silêncio e os táteis do frio, do áspero e do pegajoso, desconfortáveis. Esses traços semânticos visuais, gustativos, olfativos, auditivos e táteis dão "corpo" ao tema da contradição entre uma natureza rica e bela e um homem miserável e sofredor. Além disso, ou sobretudo, deve-se observar que o poema inova, causa estranhamento, produz surpresa, como ocorre nos discursos mentirosos aqui examinados. Isso acontece, principalmente, na relação entre temas e figuras: ao tomar por base figurativa o visual cromático (*amarelo*), o poema estabelece uma cascata sinestésica: o amarelo (visual) é estridente ou silencioso (auditivo); doce ou amargo (gustativo); cheiroso ou podre, fedido (olfativo); brilhante ou opaco (visual) e assim por diante, rompendo com o senso comum. Esse acento nas relações inovadoras e anômalas entre temas e figuras produz adesão sensorial e emocional entre enunciador e enunciatário e dá prazer estético ao enunciatário.

Os discursos mentirosos e os poéticos têm, assim, em comum o fato de usaram recursos discursivos e textuais, em geral retóricos, tanto do plano do conteúdo, quanto do da expressão, para produzir efeitos de surpresa e estranhamento no enunciatário e estabelecer, entre enunciador e enunciatário, adesão emocional e sensorial.

Quanto às diferenças entre os discursos mentirosos e os poéticos e humorísticos, duas questões devem ser examinadas.

Em primeiro lugar, nos discursos mentirosos, a aproximação buscada entre o enunciador e o enunciatário da comunicação, segundo o contrato enunciativo é, como foi já aqui apontado, apenas emocional e sensorial,

A CONSTRUÇÃO DA VERDADE

enquanto nos discursos poéticos e humorísticos procura-se obter relação emocional e sensorial (estética), assim como estabelecer laços racionais, de conhecimento e crítica. Os textos de humor e os poéticos, portanto, além de criarem laços emocionais e sensoriais com seu enunciatário fazendo-o rir e proporcionando-lhe prazer estético, dão-lhe também saber. No poema de Cabral, por exemplo, um novo saber sobre o Nordeste brasileiro é construído.

A segunda diferença diz respeito ao contrato propriamente veridictório. Nos discursos mentirosos de quaisquer tipos, o destinador propõe, com as estratégias de estranhamento e acentuação observadas, levar o destinatário a interpretar discursos mentirosos como verdadeiros, ou seja, que parecem e são, e a neles acreditar. Já nos discursos poéticos e humorísticos, o contrato veridictório é outro: estratégias são usadas para que o destinatário interprete o texto como não parecendo verdadeiro – é uma "ficção" ou uma "piada" –, mas sendo verdadeiro. É o segredo, portanto, ou seja, aquilo que não parece, mas é verdadeiro. O segredo, como foi já mencionado, instala-se, tal como a mentira, no regime concessivo – embora não pareça, no entanto é verdadeiro. Os discursos mentirosos procuram, portanto, transformar a concessão que caracteriza a mentira em implicação definidora da verdade (como foi visto no percurso veridictório A). Já os discursos poéticos e humorísticos buscam operar a passagem da falsidade implicativa (não parecer e, por isso, não ser) ao segredo concessivo (embora não pareça, no entanto é verdadeiro), próprio de um discurso do acontecimento, e finalmente, afirmar a verdade revelada. O resultado veridictório dos dois discursos é, por conseguinte, muito diferente: nos discursos mentirosos, o fim é obter a crença absoluta do enunciatário em um discurso que ele interpreta como um exercício; nos discursos poéticos e humorísticos, o enunciatário, ao contrário, é levado a interpretar o discurso concessivamente como um acontecimento que lhe dá conhecimento, prazer estético e o faz rir. Trata-se, portanto, do percurso C (falsidade → segredo → verdade), anteriormente mencionado em que a falsidade da "ficção ou do humor" se torna um segredo, pois embora não pareça, é verdadeiro, e em que o segredo é finalmente revelado e interpretado como verdade. É a *essência*, dessa vez, que opera as mudanças de interpretação.

O discurso humorístico e o poético são entendidos como "segredos" graças a dois tipos de procedimentos: por um lado, às anomalias, ou seja, aos recursos retóricos usados, que favorecem a adesão emocional e sensorial e levam à interpretação de que esses discursos parecem piadas ou ficções e, portanto, não parecem verdadeiros; por outro lado, aos procedimentos de interdiscursividade e intertextualidade que permitem que eles sejam lidos como "embora não parecendo verdadeiros, no entanto o são" e fazem o enunciatário crer e saber.

Os recursos retóricos – figuras de retórica e procedimentos argumentativos – produzem estranhamentos e anomalias e são, por conseguinte, estratégias de estabelecimento dos contratos de veridicção. Nos discursos humorísticos, três grupos de recursos retóricos (Fiorin, 2014; 2015) predominam: as figuras de personificação ou prosopopeia ou de animalização e de reificação, com a atribuição de traços próprios dos seres humanos aos não humanos, ou, ao contrário, de características de animais ou de coisas aos humanos; os argumentos e as figuras do excesso, fundamentados no exagero, na intensificação de um ponto de vista, como ocorre na caricatura; a argumentação pela variação de isotopias, com duas ou mais leituras que se relacionam metaforicamente. Nesse tipo de argumentação, interrompe-se uma das leituras isotópicas do texto, que é, então, substituída por outra. Trata-se de mecanismo fundamental para fazer rir. Greimas tratou desse tipo de recurso discursivo já em *Semântica estrutural* (1973: 94-96). O exemplo dado por ele é uma piada ou, como ele diz, "uma frase de espírito", em que "o prazer 'espirituoso' reside na descoberta de duas isotopias diferentes dentro de uma narrativa supostamente homogênea". Essas questões serão retomadas nas análises dos textos humorísticos.

As relações interdiscursivas e intertextuais cumprem, tanto nos discursos humorísticos e poéticos, quanto nos mentirosos, o papel de dar credibilidade ao texto, como foi já ressaltado. No entanto, além disso, nos discursos mentirosos, os diálogos propostos nos textos como verdadeiros (como vimos ocorrer no vídeo do "químico autodidata") podem ser desmascarados como não sendo verdadeiros (os textos da Química desmentem a *fake news*), explicitando, assim, seu caráter mentiroso. Já nos discursos poéticos e humorísticos, ao contrário, os diálogos com outros textos ou discursos, em geral também mostrados, confirmam a verdade daquilo que o enunciador do texto propõe, no modo do segredo, e o revelam. Nas charges e quadrinhos que serão examinadas a seguir, por exemplo, a relação intertextual ou interdiscursiva mostrada revela a verdade proposta pelo destinador do texto, que não parecia (por ser uma piada) e, no entanto, era. Três charges e dois quadrinhos exemplificam essas estratégias.

A primeira charge é de Laerte, publicada na *Folha de S.Paulo* em 3 de agosto de 2021.

Figura 5 – Charge de Laerte

Fonte: *Folha de S.Paulo*, 03 ago. 2021.

Nessa charge, temos figuras caricaturadas, numa das quais podemos reconhecer o presidente Bolsonaro, recebendo uma medalha nas Olimpíadas de 1936, em Berlim. Tanto a caricatura, recurso retórico das figuras do excesso, quanto o procedimento de deslocamento temporal de colocar Bolsonaro no ano de 1936, em que ele não era nem nascido, mostram que o contrato veridictório é, em princípio, o de que se interprete o texto como "não parecendo e não sendo verdadeiro", como ficção. O riso é, em boa parte, decorrente do estranhamento causado pelos traços excessivos da caricatura e pela localização temporal absurda. Essas anomalias ou impropriedades semânticas que fazem rir produzem, tal como nos discursos mentirosos, aproximação emocional e sensorial, provocam adesão afetiva. Na charge, o ano (1936), o lugar (Berlim, Alemanha), as letras de estética gótica, as bandeiras e as suásticas nazistas mostram o diálogo com outros discursos, dos quais mencionaremos três: o do encontro do então

ENTRE MENTIRAS E SEGREDOS

presidente Bolsonaro com deputada alemã da extrema direita, considerada xenófoba e neonazista; o das mensagens de apoio de Bolsonaro, descobertas nas redes sociais de grupos nazistas e fascistas; os históricos sobre as Olimpíadas nazistas de 1936, em Berlim, usadas por Hitler para dar publicidade a suas ideias. Essas relações intertextuais ou interdiscursivas mostram que a charge, embora não pareça, deve ser interpretada como verdadeira. As estratégias operam a passagem do discurso implicativo de falsidade da charge (ficção, piada) ao discurso concessivo de seu segredo. O texto ficcional e de humor, com os diálogos com outros textos e discursos, revela esse segredo e aponta a verdade: Bolsonaro filia-se a grupos fascistas e nazistas e é, como eles, um genocida. Daí o riso nervoso de revelação da verdade.

A segunda charge, *Live do Presidente*, de Benett, foi publicada também pela *Folha de S.Paulo* e está disponível na internet. Nela, o então presidente Bolsonaro, ladeado por dois assessores diz "Paulo Freire destruiu a educação no Brasil" e, em seguida, "Nós vamos corrigir isso cortando 30% da verba das universidades". A charge usa o recurso da caricatura e da conclusão indevida para criar o imprevisto e o estranhamento que levam à adesão emocional e, ao mesmo tempo, ao parecer não verdadeiro (o excesso da caricatura e o absurdo da argumentação). O riso e a adesão afetiva nas charges são provocados pelo estranhamento, causado, em geral, pelos procedimentos de retórica, como ocorre nessa charge, em relação tanto à caricatura, quanto à estratégia argumentativa. No caso da argumentação, a proposta absurda é "corrigir" a destruição da educação, retirando verba das universidades públicas. Por sua vez, os diálogos com outros textos, que operam a passagem do segredo à verdade, estão apontados: a charge dialoga com outras falas de Bolsonaro sobre Paulo Freire, a quem, por exemplo, chamou de energúmeno ("Tem monte de formado aqui em cima dessa filosofia aí de um Paulo Freire da vida, esse energúmeno aí, ídolo da esquerda."), com suas declarações sobre as universidades federais e com os inúmeros textos de professores, reitores e jornalistas que mostram o abandono e o desmonte das universidades, provocados pelo governo de Bolsonaro, assim como com os textos de educadores do mundo todo que, unanimemente, ressaltam a importância de Paulo Freire para a educação.

87

A intertextualidade revela o segredo da charge que, embora não pareça, é verdadeira, e produz conhecimento sobre o então presidente e suas estratégias políticas.

Outras duas charges, uma de Jean Galvão (*Folha de S.Paulo,* 7 out. 2021) e outra de João Montanaro (*Folha de S.Paulo,* 7 out. 2021), tratam de temas próximos e dialogam com mesmos textos.

A charge de Jean Galvão tem o título "Furando o teto". Nela, o ministro da Economia do governo Bolsonaro, Paulo Guedes, de terno e em pé na abertura do teto solar de uma limusine preta, joga uma moeda para uma mulher que, com o filho, pede esmolas, e diz "Não é para gastar na Disney, hein?". A adesão emocional e o riso são provocados por vários procedimentos retóricos: figura retórica de oposição ou antítese entre a riqueza e a pobreza, figurativizados pela limusine do ministro e pelos pedintes, mãe e filho, maltrapilhos, que recebem, na cara, a moeda lançada; figura do excesso, nas caricaturas; argumentação por variação de isotopia ou por dupla isotopia: furo no teto de gastos e de salários, em leitura da área da economia, furo do teto solar dos carros de luxo; argumentação por generalização e/ou conclusão indevida, a de que aqueles pobres, com aquela moeda, poderiam ir à Disney e, com seu lazer, "furar o teto" e prejudicar o país. A revelação do segredo da charge ocorre pelos diálogos mostrados: com o debate político e econômico sobre tetos de gasto e de salários; com as falas desastrosas do então ministro sobre as viagens de empregadas domésticas à Disney devido ao dólar baixo e, portanto, sobre as vantagens do dólar alto que impede esse "absurdo" e seleciona quem tem direito de ir à Disney. O preconceito e a intolerância em relação aos pobres são explicitados. A charge produz saber sobre questões de economia e política no Brasil, durante o governo Bolsonaro, e sobre os discursos intolerantes do ministro e do governo de que participa. Segundo Greimas, ao tratar da variação de isotopias (1973; 94-96), "a anedota [...] eleva ao nível de consciência as variações das isotopias do discurso, variações que se finge camuflar, ao mesmo tempo, pela presença do termo conector". Na charge em exame, o termo conector que liga entre si as duas isotopias é "furo no teto". As duas isotopias estão em oposição e revelam valores e saberes diferentes: "[...] essas facções do discurso são consideradas, do ponto de vista de seu conteúdo, como representativas de *mentalidades heterogêneas*" (Greimas, 1973: 96).

A charge de João Montanaro, por sua vez, está organizada como uma tirinha com três quadrinhos: no primeiro, intitulado "A economia decolando", o então ministro da economia Paulo Guedes está em um avião que decola com sacos de dinheiro; no segundo, chamado de "A recuperação em "V"", o avião sai do Brasil, faz um "V" no ar e aterriza em uma ilha no Caribe; no terceiro, nomeado de "Os benefícios do dólar alto", o ministro toma sol na praia, deitado em uma espreguiçadeira, rodeado dos sacos de dinheiro e com um copo na mão, pensa, sorrindo: "E o melhor de tudo: nenhuma empregada doméstica". Essa charge toma a mesma direção da de Benett, mas reforça o uso da argumentação por variação de isotopia – "a economia decolando" tem uma leitura no mundo econômico, sobretudo por ser figurativizada com a imagem do ministro da economia do governo Bolsonaro, mas a imagem da charge (Paulo Guedes levando, de avião ou helicóptero, sacos de dinheiro para um "paraíso fiscal") rompe essa isotopia e instala outra, a da fuga de dinheiro do País; "a recuperação em "V"" expõe a isotopia econômica da retomada financeira do Brasil, interrompida também pela imagem do trajeto em "V" do avião do Brasil a uma das ilhas do Caribe, e substituída pela isotopia de recuperação econômica do ministro; "os benefícios do dólar alto", além da isotopia econômica, apresenta, com a imagem do ministro de calção, óculos escuros e chapéu, deitado em uma espreguiçadeira na praia, a leitura dos benefícios pessoais de um paraíso, não só fiscal, e, ainda, com o pensamento de Guedes sobre a ausência de empregadas domésticas, em que não há lá pessoas de baixo nível socioeconômico. Há, assim, três conectores de isotopia: "a economia decolando", "a recuperação em "V"", "os benefícios do dólar alto", que ligam leituras opostas, uma, socioeconômica do país, e outra, dos benefícios e prazeres particulares, pessoais. Além do diálogo já mencionado na análise anterior com a fala do ministro sobre as empregadas domésticas, a charge aponta também outros mais reveladores da verdade do texto – com discursos sobre a corrupção do ministro que tem dinheiro em "paraíso fiscal"; com as exposições do ministro sobre a recuperação em "V" da economia do país ("O PIB foi lá embaixo, caiu 4% e já voltou. A recuperação cíclica já aconteceu, já estamos de volta. [...]. Saímos do fundo do poço e a economia tá em pé de novo" (Jornal *O tempo*, 03 dez. 2021).

Duas produções de Quino (quadrinhos e cartum) ilustram também esses procedimentos. Ambas tratam do controle social da diferença, na primeira (Quino, 2015), com a *Policía humorística*, na segunda, com a *Division Normalidad* (Quezada Macchiavello, 2017).

Na tira, um membro da polícia humorística pede documentos à personagem "Quino". Ao saber que sua profissão é a de desenhista de humor, quer ver o que ele faz e fica horrorizado:

> Policial -
> !!!Yo non veo que en esta página suceda nada gracioso!!! ?Ud. dibuja o no dibuja humor? [...] Veamos: la muerte, la vejez, la injusticia social, el autoritarismo...? Estos son temas humorísticos, según usted? ?Es esto lo que usted ha hecho de humorístico en su vida?
>
> Desenhista -
> !No, no, espere, hice otras cosas!... (e mostra uma tira de Mafalda)

O policial lê a tirinha da Mafalda, algema "Quino" e o leva preso.

Nessa tira, a estratégia é, sobretudo, a da dissonância semântica e de valores entre os dois atores do discurso, o policial e o desenhista, que são apresentados como antíteses. O policial é caricaturado com atributos excessivos, que produzem efeitos de dureza e autoritarismo: farda, quepe, óculos escuros, traços faciais e corporais retos e angulosos, nariz e boca "para baixo", "fala" alta, forte, irritada, agressiva, contundente, marcada por muitos pontos de exclamação e movimentos vigorosos e rápidos da mão. O desenhista, ao contrário, é definido por elementos na justa medida ou mesmo insuficientes, de suavidade e "normalidade": roupa comum, óculos de leitura, traços arredondados – da careca, do corpo, do queixo –, fala e movimentos suaves e lentos. Essas diferenças aspectuais entre os dois atores indicam já que eles não poderiam pensar da mesma forma (são as "mentalidades heterogêneas" de que trata Greimas (1973: 96)). Daí as diferenças semânticas e de valores no entendimento do que é um desenhista de humor e de seu papel na sociedade: aquele que faz desenho engraçado, com graça ("gracioso"), que faz rir, que cria com seu destinatário relação emocional e sensorial; aquele que faz rir, mas, ao mesmo tempo, trata de temas socialmente relevantes, como morte, velhice, injustiça social, autoritarismo, estabelecendo com o destinatário relação não apenas emocional e sensorial, mas também racional, de produção e divulgação crítica do saber.

As falas, acima citadas, do policial e do desenhista, ilustram as duas posições. Na tira da Mafalda, por meio da qual o desenhista "fala" com o policial e com o destinatário dos quadrinhos, Mafalda e Libertad dizem, com expressões exclamativas que fazem rir – "!PÚF!" e "!PUÁJ!" –, que as coisas vão muito mal no país.

Há um diálogo entre o texto dos quadrinhos metalinguísticos, que tratam do fazer quadrinhos, e o da tira-ilustração da Mafalda. A prisão do desenhista na narrativa dos quadrinhos comprova a falta de liberdade, inclusive de expressão, de que trata a tirinha. Além desse diálogo, o texto dos quadrinhos mantém relações intertextuais e interdiscursivas com discursos sobre o autoritarismo, a repressão e a falta de liberdade na Argentina, sobretudo durante a ditadura militar. Os dois tipos de diálogo revelam a verdade de um texto que não parecia verdadeiro e fazem o destinatário crer e também saber mais sobre a repressão policial e militar argentina, bem como no mundo, em geral.

O cartum de Quino, por sua vez, reforça a questão do preconceito e da intolerância em relação ao diferente e também as paixões de medo e de ódio do diferente sentidas pelos "iguais". Uma boa análise desse cartum feita por Quezada Macchiavello (2017) foi levada em consideração na leitura que segue.

O cartum é um grande quadrinho coberto de caras tristes, preocupadas e sérias, segundo os traços da caricatura: olhos, bocas e sobrancelhas caídas e arqueadas. Nesse mar de iguais, sobressai uma cara alegre, feliz, despreocupada, com boca superativa ou para cima, sobrancelha levantada, olhos vivos. Os traços da cara ou rosto expressam, com a gestualidade atributiva de Greimas (1975), sentimentos e emoções. A oposição excessiva e antitética desses sentimentos e emoções, na caricatura, faz rir. Essa cara diferente é abordada pela figura também caricatural e estereotipada de um investigador (capa, com gola levantada, chapéu, óculos escuros e nariz grande e adunco) da "Division Normalidad". O cartum faz rir, como anedota. Ele dialoga, porém, com discursos que expressam preocupação com o "diferente", medo dos danos que ele pode causar nos iguais, e até mesmo ódio aos "suspeitos" que fogem da "normalidade", e ainda com textos que pregam a repressão como forma de manter o rebanho indiferenciado e de "proteger" os iguais da má influência dos que saem do trilho. No caso, trata-se dos perigos do riso, da alegria, do ser e pensar diferente daqueles que dão "mau exemplo" e ameaçam a ordem instituída dos "iguais". Uma vez mais, o segredo é revelado e o que não parecia passa a ser entendido como verdade.

Em síntese, há dois contratos enunciativos, o de transformar discursos mentirosos concessivos em discursos verdadeiros implicativos e o de operar a passagem de discursos implicativos que parecem falsos em discursos secretos concessivos, que não parecem e, no entanto, são verdadeiros. Cada um desses tipos de discursos é usado preferencialmente pelos adeptos de posições políticas diferentes no Brasil. A extrema direita no Brasil emprega nas redes sociais, com mais frequência, os discursos do primeiro grupo, baseados na mentira e operados pelo parecer, enquanto a esquerda brasileira tem preferido os do segundo, que fazem uso de recursos do humor e são operados pela essência (Barros, 2021b).

MENTIRA E ESCOLA

Para concluir o capítulo, será ressaltado, ainda que de forma muito resumida, o papel da escola no ensino/aprendizagem da leitura de textos na internet e no desvelamento da mentira nesses discursos. Regina Gomes, no artigo "Crise de veridicção e interpretação: contribuições da Semiótica" (2019), tratou das contribuições que a semiótica discursiva oferece ao ensino da leitura, sobretudo em relação aos mecanismos de construção da veridicção nos textos que circulam hoje na internet e nas *fake news*, em especial. Realmente, a escola precisa mostrar aos alunos as especificidades veridictórias dos textos mentirosos, que promovem interpretações marcadamente emocionais e sensoriais, e ensiná-los a equilibrar a interpretação sensorial e emocional proposta pelo destinador com um entendimento mais racional (Barros, 2016b e 2020b).

Gomes termina seu artigo dizendo que:

> Enfim, nas atividades didáticas de leitura, somente a observação dos recursos linguístico-discursivos, o cotejamento dos intertextos e o debate coerente podem colaborar para uma leitura menos ingênua e mais crítica dos textos pelos alunos. (2019: 28)

Como se insistiu neste capítulo e como concluiu Gomes em seu trabalho, cabe aos estudiosos da linguagem a produção de conhecimento sobre a veridicção nos discursos sociais. Com isso, os estudos linguísticos e discursivos podem, e só eles, contribuir para tornar nossos alunos bons leitores dos textos, sobretudo dos meios digitais, e adequados interpretantes dos discursos que os rodeiam e muitas vezes sufocam, mas, sem a escola, as mudanças discursivas e sociais esperadas não acontecem ou não têm a penetração desejada.

HIBRIDIZAÇÃO DOS REGIMES DE CRENÇA E VERIDICÇÃO

Este capítulo abordará a relação entre os regimes de crença estabelecidos em textos que circulam na internet e a veridicção. Para isso, retomaremos rapidamente alguns aspectos teóricos desenvolvidos nos capítulos anteriores.

Verificamos que o problema da verdade em semiótica é concebido por meio de um contrato de veridicção, instituído na inter-relação discursiva entre o fazer persuasivo do enunciador e o fazer interpretativo do enunciatário. Essa questão, então, é estudada no interior do próprio discurso e o seu julgamento se dá com base nas modalidades veridictórias, pela apreensão do ser a partir do parecer: avalia-se, assim, se o enunciado é verdadeiro (parece e é), falso (não parece e não é), secreto (não parece e é) ou a mentiroso (parece e não é). O contrato fiduciário entre os actantes da enunciação estabelece uma base de valores compartilhados a partir da qual a troca enunciativa se institui (toda informação nova passa pelo crivo do universo já conhecido para a avaliação de sua veridicção) e a forma como o enunciado deve ser interpretado: como ficção ou como uma representação da realidade (Greimas, 2014).

Os recursos empregados pelo enunciador para fazer crer levam o enunciatário a tomar como verdadeiro ou verossímil o seu dizer (o crer sobredetermina o saber), apoiados nos contratos fiduciário e veridictório estabelecidos na inter-relação discursiva. Esse fazer persuasivo do enunciador e o fazer interpretativo do enunciatário são modulados entre a crença no dito e a confiança no sujeito (Landowski, 1992: 153-163). A resolução desses contratos epistêmicos e veridictórios podem então variar em tonicidade, desde dar crédito a alguém e crer no valor, de forma mais átona, a crer fortemente no objeto e ter confiança cega no sujeito, de forma mais tônica (Fontanille e Zilberberg, 2001: 264).

Vimos também uma releitura dessa sistematização das modalidades veridictórias a partir do ponto de vista tensivo, apontando para uma gradação nas categorias do *parecer* e do *ser*, possibilitando dar conta das modulações próprias de muitos textos. O *parecer* e o *ser* podem se diferenciar em intervalos, podendo cada categoria apresentar modulações. Dessa forma, o julgamento veridictório pode partir da manifestação de um parecer muito, pouco ou nada, enquanto o ser pode variar entre um ser exatamente enfático e não ser de jeito nenhum, de forma a "dar conta das diferentes verdades, segredos, mentiras e falsidades" (Soares e Mancini, 2023: 23).

Essa modulação está explicitada, por exemplo, nos parâmetros de verificação das notícias, como forma de enfrentamento dos órgãos de imprensa frente às *fake news*. Os intervalos entre a verdade e a falsidade, percebidos pela Agência Lupa, por exemplo, podem ser explicados pelas variações propostas pelos autores, como se explicitou no capítulo "Graus de veridicção: as oscilações da verdade e da mentira em discursos na internet".[7] Essa elasticidade no julgamento veridictório, que curiosamente se materializa em "etiquetas" na verificação das notícias falsas pela Agência Lupa, é também aplicável a outros textos que circulam na internet em diversas plataformas, desde notícias publicadas em sites de empresas jornalísticas a outros gêneros de textos, como veremos adiante.

OS REGIMES DE CRENÇA, GÊNEROS E A QUESTÃO VERIDICTÓRIA

Considerando tanto as relações entre as modalidades epistêmicas e o julgamento da verdade nos textos quanto sua complexidade, explicada pelas intensidades e graduações dos julgamentos, compreende-se melhor como se estabelecem os regimes de crença próprios das inter-relações discursivas.

Segundo Fontanille (2015: 146), os regimes de crença se instalam na confrontação do que propõe um novo objeto semiótico qualquer dado a interpretar (práticas, objetos ou textos) e as experiências acumuladas na memória pressupostas. Ou seja, o conteúdo do texto e sua forma semiótica são cotejados com o conjunto de conhecimentos sobre o dito e sobre o modo de dizer, de forma a dar sustentação ao julgamento do enunciatário quanto à maneira de interpretar o texto. Para o autor, esse regime de crença tem o estatuto de uma promessa (veiculada pela forma semiótica) e uma aceitação da promessa (resultante da sua confrontação com as expectativas relativas às impressões da experiência).

Essa "promessa" de que fala Fontanille tem relação com as formas estabilizadas pelas trocas enunciativas, ou seja, é relativa aos gêneros[8] também. A aceitação dessas promessas passa pelo crivo do conjunto de saberes, crenças e valores do enunciatário, que atribui um estatuto de verdade ao texto, a partir da escolha de um regime de crença e de veridicção selecionado para aquele gênero de texto. Inclui-se, também, uma dimensão sensível ao ato de reconhecimento do enunciado como verdadeiro. Não se trata apenas de um ato cognitivo e inteligível, mas também entra em jogo uma dimensão afetiva e passional.

Desse modo, os textos, que comportam "promessas semióticas" convertidas em normas, estéticas e gêneros, correspondem a contratos de leitura, predeterminando a maneira como os enunciatários podem interpretá-los. Os gêneros compreendem, então, "instruções de leitura", inscritas na forma semiótica própria dos textos, instruções essas que são produzidas e interpretadas segundo o universo cultural em que se inserem. O autor identifica, a partir de Jost (Fontanille, 2015: 147-148), nas mídias, metarregimes de crença,[9] relativos a domínios de experiência, a partir dos quais os regimes de crença se entrelaçam.

Segundo o autor (2015: 147-148), cada metarregime de crença corresponde a: (i) certas relações espaço-temporais específicas, podendo a cena enunciativa estar fortemente ancorada ao tempo e espaço da enunciação e momento de leitura ou deles distanciado, por procedimentos sintáticos de debreagem e embreagem específicos, criando efeitos de realidade e atualidade ou de ficção, respectivamente; e (ii) a certos horizontes de valores, jogos de papéis e regras de validação próprias. Assim, num documentário, espera-se uma informação nova e atestada; na ficção, a verossimilhança contínua e sustentada; nos textos de natureza didática, conhecimentos válidos e garantidos institucionalmente; nos textos publicitários, sua conformidade a uma "deontologia comercial" (Fontanille, 2015: 148).

Cada gênero pressupõe, em relação à produção do texto, certo regime de crença e de veridicção próprio, tendo como horizonte um certo número de regras e de escolhas nas formas de construção, constituindo pistas que permitem reconhecer esse regime de crença e de verdade proposto e, em relação à prática de interpretação, a adoção do regime de crença congruente (representacional ou ficcional, por exemplo) e de um modo de interpretar sua veridicção:

> A verdade e a falsidade dos textos dependem do tipo de discurso, da cultura e da sociedade, pois o que vale para uma entrevista política não se aplica, por exemplo, ao texto literário, e o que se coloca para um discurso religioso na China não tem o mesmo valor no Brasil. (Barros, 1988: 93)

Mostraremos, então, alguns textos de gêneros diferentes para observar as pistas espalhadas pelo enunciador de modo a encaminhar a interpretação do enunciatário e seu julgamento sobre a verdade (ou falsidade, ou mentira, ou segredo) do discurso e suas graduações. Consideraremos, também, a projeção da imagem do enunciatário construída pelo enunciador, em que se delineiam os saberes e os valores previstos e compartilhados, de que se vale o enunciador para a construção da veridicção no enunciado. Esses saberes e valores pressupostos não são apenas relativos ao conteúdo semântico de outros textos e discursos com os quais o novo dizer será confrontado pelo enunciatário para a sua aceitação ou rejeição, mas também aos relativos a gêneros e domínios discursivos no qual se insere.

Discorreremos, então, sobre os elementos discursivos que produzem o efeito de verdade e falsidade nos textos, assim como seus conflitos e

HIBRIDIZAÇÃO DOS REGIMES DE CRENÇA E VERIDICÇÃO

modulações (apontadas por Soares e Mancini, 2021), que produzem instabilidades e possível indecidibilidade do enunciatário no julgamento sob qual regime veridictório se inserem. Observaremos: (a) os elementos que constroem a coerência interna dos textos; (b) os recursos que condensam certas práticas interativas que se materializam nos gêneros e estilos; e (c) o confronto que se pode fazer entre os textos em questão e outros com os quais estabelecem relações intertextuais ou interdiscursivas.

O primeiro exemplo é a matéria de divulgação científica publicada no *Jornal do Brasil* em 17 de setembro de 2017:

> **Cientistas criam método para combinar todas as vacinas em apenas uma dose**
>
> Pesquisadores do MIT (Instituto de Tecnologia de Massachusetts) estão elaborando uma vacina que permitirá adquirir as doses para proteção contra diversas enfermidades com apenas uma agulhada.
> De acordo com um artigo publico [sic] pela Science sobre o projeto e reportagem da BBC, os testes com camundongos tiveram sucesso. [...]
> "Isto pode ter um impacto significativo em pacientes em todo lugar[...]", disse o professor do MIT Robert Langer [...]

Esse texto deve ser lido como representação de um fato, concretização de um *saber ser*, ou seja, deve ser interpretado como um texto informativo, ancorado no tempo e espaço próprios da experiência cotidiana do leitor pressuposto, para ser julgado como verdadeiro. Vários recursos empregados pelo enunciador servem de pistas para essa interpretação e para crer na verdade do texto. Há a ancoragem temporal (a data de publicação do jornal), espacial (local onde se desenvolveu a pesquisa, o MIT, por exemplo) e actorial (Prof. Robert Langer). Há referências a pesquisas da conhecida instituição americana, além da publicação do estudo em periódico importante da área da pesquisa em questão (*Science*). A menção à fonte das informações (o artigo publicado na *Science* e a reportagem da BBC) também atesta a veracidade da notícia.

Outro recurso é o emprego de metalinguagem específica, própria da área da saúde (escolhas lexicais como "medicamento armazenado em microcápsulas", a lista de doenças às quais a vacina induziria imunidade, como "difteria, tétano, poliomielite, hepatite B", etc.). A projeção da fala do cientista em

99

A CONSTRUÇÃO DA VERDADE

discurso direto, pelo procedimento de debreagem de segundo grau, é outra forma de dar credibilidade à notícia.

Todos esses recursos criam o efeito de sentido de verdade e realidade e são construídos para que sejam reconhecidos pelo enunciatário como um fato. Portanto, o texto apresenta elementos retóricos que o fazem parecer muito um fato noticiado e ser interpretado como sendo exatamente isso.

Mesmo tendo sido publicado num veículo de imprensa, a *Folha de S.Paulo*, o texto com o título "Marketing do Além" (*Folha de S.Paulo*, 04 set. 2004) deve ser interpretado diferentemente do anterior. Foi publicado na subseção *Contraponto*,[10] parte da seção *Painel*, dedicada a tratar de assuntos políticos, mas tem feição de uma anedota, como vemos no trecho inicial reproduzido abaixo:

> Segundo fábula que circula em Brasília, um senador morreu e, ao chegar diante de São Pedro, ouviu que deveria ficar um dia no inferno e outro no paraíso para então escolher onde gostaria de passar a eternidade. [...]

O texto continua contando a aventura do senador no inferno e no paraíso. No inferno, estavam os amigos da política, num campo de golfe, degustando iguarias. No paraíso, estavam almas contentes nas nuvens, tocando e cantando. Ao final, o senador votou pelo inferno e acabou encontrando um cenário bem diferente daquele requintado anteriormente experimentado: era um terreno baldio, com seus colegas catando lixo. Atônito, ouviu a explicação do diabo: "Ontem estávamos em campanha. [...] Agora, já conquistamos seu voto".

Neste caso, há indicações discursivas que levam o texto a ser lido como a narração de um fato anedótico, o que está explicitado textualmente no enunciado que introduz o texto ("Segundo fábula que circula em Brasília..."). Há elementos que levam a crer ser este um texto jocoso, cômico. Não parece representar a realidade, nem é: o regime de crença que precisa ser selecionado para a interpretação é outro, o ficcional e o humorístico. Há, então, a construção de uma coerência interna que torna as peripécias plausíveis, reconhecíveis como possíveis no mundo criado na anedota.

Um dos recursos para produzir o efeito de humor é a quebra de expectativa, já que a narrativa parece orientar para uma direção e, ao final, o resultado é o oposto. As figuras que concretizam no texto o inferno na primeira visita do deputado (o campo de golfe, os amigos da política, champanhe, caviar, as piadas

100

contadas pelo diabo, perfazendo os temas do requinte, do prazer, da diversão) diferem radicalmente das figuras associadas ao inferno depois da escolha do deputado (terreno baldio, roupas rasgadas, o trabalho de recolher lixo e entulho).

Na anedota, há o entrelaçamento de dois percursos temático-figurativos: um que tem tema religioso, de tradição judaico-cristã (céu, inferno, São Pedro, diabo, etc.) e outro de temática política (deputado, campanha, voto, etc.), de modo que a relação do texto com a experiência vivida pelo leitor não é direta, mas de outra natureza. Os temas são reconhecíveis e pode-se dizer que o julgamento da veridicção do texto diz respeito a um saber sobre o comportamento pouco confiável de certos políticos em época de campanha (as promessas vãs, a sua atuação mais voltada para o benefício próprio e pouco interessada na coletividade, após eleito) e a crença religiosa na justiça divina. Essa identificação esperada do enunciatário é que reveste o texto de uma dimensão crítica e o torna cômico.

Outro exemplo de congruência entre as expectativas do leitor quanto ao regime de crença e de veridicção, correspondentes às práticas de interação nas relações de consumo condensadas no texto, é uma peça publicitária da Avon, publicada na página da empresa no Instagram.[11]

Figura 6 – Publicidade da Avon

A CONSTRUÇÃO DA VERDADE

Na postagem há, ocupando metade do quadro, uma imagem do produto da marca (Vitamina C Renew), em evidência – um frasco originalmente de cor alaranjada, em posição oblíqua, sobre um fundo da mesma cor, com tonalidade mais clara. Abaixo da imagem do produto, na terça parte inferior, vê-se uma reprodução de um comentário, em fundo branco, de uma usuária que dá seu depoimento positivo, recomendando o produto. Na segunda metade do anúncio, à direita, em fundo branco, como é característico da diagramação dessa rede social, está a legenda com o texto da marca relacionado ao produto.

Essa postagem é para ser lida como um enunciado para fazer consumir um produto. Manipula o enunciatário por um querer fazer (comprar o produto Vitamina C Renew), assim como o competencializa por um saber e poder fazer (informa sobre as propriedades do produto e suas características, oferece um desconto para torná-lo mais acessível). O texto também faz crer que a aquisição do produto fará o destinatário alcançar os valores de busca esperados – a saúde, a juventude, a beleza. Para isso, utiliza metalinguagem técnica específica ("vitamina C pura e estabilizada", "antioxidante", "neutraliza os radicais livres", "previne o envelhecimento precoce"), apresentando informações que devem ser lidas como verdadeiras (que parecem e são):

> Você pediu e eu escutei! Tem desconto especial rolando lá no site para quem já usa ou ainda vai usar a Vitamina C Renew. Dica de quem experimentou e amou: quanto mais você usa, mais você sente o resultado. Ela tem 10% de Vitamina C pura e estabilizada, um poderoso antioxidante que neutraliza a ação dos radicais livres, deixando a pele uniformizada, radiante e ajudando a prevenir do envelhecimento precoce. Um item de skincare para adotar já!

Como se vê, a forma composicional do texto atende às expectativas do destinatário. Há a colocação em relevo do produto, em foto enquadrada em área com fundo colorido que ocupa quase metade do espaço total da postagem. O narrador dirige-se diretamente ao narratário, de forma descontraída, simulando proximidade. As expressões que parecem mais técnicas são empregadas para ressaltar as qualidades do produto e dar segurança ao consumidor, já que demonstram o saber necessário para a sua produção. Faz-se alusão ao desconto, que atribui um poder comprar, explicitando a relação de consumo.

102

Não falta também a projeção da fala de um interlocutor, o consumidor que atesta a qualidade do produto:

@nayaravirgilio Eu uso e super recomendo. Adoro essa Vitamina C e já estou no meu terceiro frasco. Espero que essa nova embalagem venha com um descontinho.

Todos esses elementos permitem ao enunciatário interpretar o texto como uma peça publicitária, cuja intencionalidade é fazer adquirir um produto, levando a crer que são verdadeiras suas características positivas e possibilitando o alcance de valores mais abstratos associados ao bem de consumo.

Um outro exemplo, de gênero bem diferente, é o poema "Pedra, s. f.", de Manoel de Barros (1998: 46). Mesmo apresentando alguns aspectos formais de um verbete de dicionário – as indicações de classe gramatical e gênero após o nome no título; a alusão às acepções possíveis da palavra, com construções sintáticas características desse tipo de enunciado (sintagmas nominais constituídos de adjetivos e/ou de orações relativas); a sequência de definições –, claramente não deve ser lido como fazendo referência ao mundo experiencial do leitor, ou a um universo conceptual a ele diretamente relacionado, mas como parte de um domínio ficcional, como poesia, como se pode verificar nesses dois primeiros versos do poema, que destacamos: "Pequeno sítio em que o lagarto de pernas / areientas medra (como à beira de um livro)".

Apesar de fazer alusão a um verbete de dicionário, subverte o modo como o enunciatário entra em conjunção com o saber, que é de outra natureza. Há vários elementos que o levam a identificar o regime de crença próprio do poema, da ordem do verossímil: as "acepções" são textualizadas em versos, as combinações temático-figurativas são inusitadas, há a ocorrência de neologismos inventivos, de expressões metafóricas, além da conotação e da pluralidade de sentidos que podem ser associadas a cada acepção, entre outros recursos expressivos (cf. Gomes, 2009: 581-582).

Nesses dois últimos casos, mesmo lançando mão de diferentes regimes de crença e de veridicção e os incorporando como recurso argumentativo (a propaganda da Avon emprega expressões próprias dos textos de divulgação científica, para dar mais credibilidade ao produto, por exemplo) e/ou expressivo (no exemplo do poema de Manoel de Barros, ressignificando o enquadramento conceptual dos lexemas nos dicionários), não há dúvidas sobre qual regime de crença se devem interpretar os textos.

HIBRIDISMO DOS REGIMES DE CRENÇA

Nos dias de hoje, Fontanille (2015) aponta para a hibridização dos regimes de crença nas mídias, fazendo com que haja uma desestabilização e uma confusão, por parte do enunciatário, na percepção e na seleção do regime apropriado no qual deve se situar. Há, então, notícias jornalísticas que apelam para marcas discursivas próprias da propaganda, como as que noticiam o lançamento de um produto tecnológico novo, com algumas das características de gênero que observamos no reclame da Avon analisado anteriormente: inclusão de fotos atraentes do produto, de descrição detalhada de suas qualidades, de dados relativos a preços e descontos. Outro exemplo, citado pelo autor (Fontanille, 2015: 148), são os *reality shows* que se pautam em cenas ficcionalizadas, misturando formas composicionais do jogo, da ficção e da representação de cenas banais do convívio cotidiano dos participantes.

Podemos exemplificar também com o gênero documentário. Há os que se constroem sob códigos estéticos e genéricos mais autobiográficos, com uma estética própria da ficção, como o *Democracia em vertigem*, de Petra Costa. Há também as películas que se confundem com documentário, que borram as fronteiras entre a ficção e o documentário, como *Opération Lune*, de William Karel, que busca provar que a viagem dos americanos à Lua em 1969 foi uma farsa, como demonstra artigo de Machado e Vélez (2005: 11-30). Apresentando-se no formato próprio de um documentário televisivo, combinando entrevistas com personalidades públicas importantes, imagens de arquivo e documentos, facilmente faria o expectador reconhecê-lo como um gênero da esfera discursiva da informação, tomando como verdadeiros os dados transmitidos. Há, no entanto, alguns recursos sutis que permitem a leitura do programa como ficção, como a presença de personagens interpretados por atores e atrizes de películas ficcionais, referências intertextuais a obras cinematográficas, edições de entrevistas de personalidades públicas, com dublagens ou legendas que não correspondem aos textos originais, músicas dramáticas de filmes hollywoodianos, entre outros recursos, apontados por Machado e Vélez (2005). Mesmo assim, a farsa não é tão evidente, de modo a produzir uma incerteza quanto ao regime de crença no qual o espectador deve se situar.

HIBRIDIZAÇÃO DOS REGIMES DE CRENÇA E VERIDICÇÃO

Essa hibridização de regimes de crença de que nos fala Fontanille parece não estar apenas concentrado nas mídias digitais e audiovisuais, como a televisão e o cinema, como nos mostra o autor, mas tudo indica que se expande para outros universos da experiência, como o da literatura. Ao discutir a crise de representação no texto literário, Fiorin, em artigo de 2008, já anteriormente mencionado no capítulo "Graus de veridicção: as oscilações da verdade e da mentira em discursos na internet", de certa forma já apontava, na contemporaneidade, um novo regime de representação, um contrato veridictório que denomina de metalinguístico, que se aproxima das considerações feitas por Fontanille (2015). Segundo Fiorin, esse novo contrato semiótico pensa a realidade como discurso e o embate se dá entre discursos. E identifica, nos textos literários, a hibridização de gêneros, a mistura de campos discursivos. Nas palavras do autor, "na medida que se negam as estéticas dominantes, implode-se o conceito de gênero, criando-se textos que misturam o que antes era separado" (Fiorin, 2008: 216). O autor ainda aponta para a ênfase na metaficção e na imitação de textos e estilos como próprios desse novo contrato veridictório, exemplificando:

> Por exemplo, romances com notas de pé de página, como se fossem uma tese; romances que conjugam a linguagem figurativa da narrativa romanesca e a linguagem temática do ensaio e assim por diante. Os campos discursivos, bem delimitados durante a modernidade, misturam-se. É interessante observar as notas de pé de página de um romance como *O beijo da mulher aranha*, de Manuel Puig (1981). Por outro lado, aparecem a colagem, as superposições discursivas, a montagem de retalhos da realidade. Na medida em que o embate se faz entre discursos, ganham um relevo nunca visto a metaficção e a imitação de textos e estilos. (Fiorin, 2008: 216)

Essa crise de representação e de veridicção, como vimos, pode corresponder tanto à inventividade dos textos de domínio literário quanto afetar gêneros de outros domínios como os jornalísticos, publicitários, documentais, jurídicos, etc., com diferentes modos de constituição e graus de hibridização, produzindo efeitos de sentido particulares.

A CONSTRUÇÃO DA VERDADE

HIBRIDISMO E CRISE DO ESTATUTO VERIDICTÓRIO E FIDUCIÁRIO DOS TEXTOS

As instabilidades dos gêneros e seus regimes de crença, que pôem em xeque os limites e diferenças de suas formas e as práticas que constroem modos de crer nos textos (como realidade, como ficção, como ironia, como sarcasmo, etc.), podem fazer o enunciatário adotar como verdadeiras as informações que apresentam sinais de que são enganosas ou incompletas, ou interpretar como falsos e mentirosos enunciados que se constroem como representações factuais. Essas confusões propiciadas pela hibridização dos regimes de crença chegam a encontrar-se tematizadas em reportagens, tuítes, comentários e postagens nas inúmeras plataformas de circulação de textos e informações.

Mostraremos exemplos de como têm ocorrido essas formas híbridas, relativas a diferentes gêneros discursivos. Esses exemplos comportam textos que, em sua composição, apresentam misturas de diferentes regimes de veridicção, fruto das escolhas enunciativas feitas, e textos, como reportagens, tuítes, comentários, que tematizam essa confusão de regimes de crença e veridicção.

Em notícia publicada pelo jornal *Gazeta do Rio Preto*, intitulada "Coronel Helena usa imagem de academia de personal assassinada; ela já se retratou", em 19 de outubro 2020, a candidata à prefeitura de Rio Preto usa em vídeo de campanha a imagem de uma academia fechada, atribuindo o seu fechamento à falta de gerenciamento da pandemia de covid-19 na cidade. No entanto, a imagem era de uma academia fechada após o assassinato da proprietária da empresa, a personal Andressa Serantoni. A candidata foi então acusada de ter usado *fake news*, mas afirma, em nota: "A imagem foi captada pela produtora de TV de forma aleatória para demonstrar as centenas de empresas que foram fechadas devido às restrições impostas, e cujas academias fazem parte de um dos principais setores atingidos".

Mesmo tendo se retratado, é relevante a forma como a imagem foi empregada no vídeo. Para a equipe que produziu a propaganda política, a foto foi empregada como recurso argumentativo válido para ilustrar o suposto fechamento de empresas, em crítica ao então prefeito da cidade,

106

e não vale como representação de uma realidade factual, como esperavam a família e os habitantes da cidade. Era tomada como demonstração "aleatória" da posição política da candidata, como concretização figurativa de um tema, de um ponto de vista, sem compromisso com a existência referencial da foto.

O conflito e a comoção criados pela situação e a necessidade de retratação da candidata marcam a instabilidade nos modos de construção e interpretação da veridicção nos textos, atendendo a expectativas próprias do contrato fiduciário pressuposto. Assim, há a interposição de dois regimes veridictórios: (a) um que considera a imagem como representação factual, pressupondo uma fidelidade aos fatos e a seu encadeamento narrativo, recobrindo, então, o tema da violência urbana; (b) outro reflete uma percepção da imagem como ilustração, concretização figurativa de um conjunto de valores ideológicos que atribui o fechamento da academia à ineficiência administrativa do adversário político.

Apesar de se esperar que o discurso político não tenha "por função construir um retrato ajustado, fiel e transparente dos fatos sociais",[12] como bem nos alerta Aldama (2018: 1), há certos limites que parecem ter sido ultrapassados pela candidata, fazendo com que houvesse um desajustamento entre as expectativas relativas ao discurso político (mesmo com suas frequentes vãs promessas cinicamente repetidas e distorções na figurativização do universo de experiência do eleitor) e sua concretização na peça publicitária da candidata.

Outro exemplo dessa desestabilização dos contratos de leitura supostos, uma reportagem da *Folha de S.Paulo*, publicada em 2 julho de 2021, apoiada em dados do Ministério da Saúde, informava que milhares de pessoas tomaram a vacina contra a covid-19 com data vencida ("Registros indicam que milhares no Brasil tomaram vacina vencida contra Covid; veja se você é um deles"). Contestada no dia seguinte por vários prefeitos, que alegavam haver erros de registro no sistema, a notícia foi corrigida no dia 6 de julho, acompanhada da seguinte nota: "Versão anterior desta reportagem deixou de alertar que os dados sobre 26 mil doses aplicadas fora do prazo de validade poderiam decorrer de erros do sistema do Ministério da Saúde. O texto foi atualizado".

No dia seguinte à reportagem, a prefeitura do Rio de Janeiro emite nota, designando como *"fake news"* a informação dessa respeitada empresa de notícias. A nota, intitulada "Comunicado sobre aplicação de doses vencidas: desmentindo fake news", afirmava que a checagem dos dados dos 756 vacinados suspeitos de terem tomado doses "supostamente vencidas" constatou que todos receberam vacinas na validade. Para a prefeitura do Rio, nesse exemplo, e para outras autoridades políticas e certa fração do público leitor que se manifesta nos comentários desta e de outras matérias, as notícias jornalísticas podem ser facilmente interpretadas como *fake news*.

Não se pode dizer, mesmo com os erros, omissões e silenciamentos, que as notícias jornalísticas se confundam com as *fake news*, como acusava a nota da Prefeitura do Rio. A notícia se baseava em dados de um órgão oficial, assume a autoria do conteúdo (a matéria é, inclusive, assinada pelos jornalistas Estêvão Gamba e Sabine Righetti) e o erro, fazendo a retificação dos dados. Assim, a reportagem parecia muito uma representação de um evento e até estava congruente com os dados oficiais, mas não era exatamente verdadeiro, pois, segundo a retratação feita pelo jornal, os jornalistas não explicitaram que os dados oficiais poderiam estar incorretos. No entanto, ao ficarem reféns da urgência e velocidade com que as notícias circulam pela internet, por meio de uma profusão de veículos de informação, e da necessidade de destacar-se diante do rumor excessivo de dados, os jornais afastam-se, mesmo como simulacro, do ideal de objetividade, realidade, prudência e precisão na transmissão das notícias. Estas se tornam mais incompletas e imprecisas, mais sujeitas a enganos, além de apelar para recursos mais sensíveis e passionais, tendendo ao sensacionalismo, com manchetes e matérias mais surpreendentes, ainda que – ou por esse mesmo motivo – banais.

As mídias jornalísticas, ao aproximarem-se do estilo retórico concessivo, como o postula Zilberberg (2011; 2012), somando-se a outros fatores, causam, com isso, uma crise de credibilidade e uma instabilidade no julgamento veridictório do leitor, recrudescidas pelas frequentes denúncias, de parcela da população e inclusive de autoridades, de uma "parcialidade" tendenciosa, ao silenciar pontos de vista, ocultar informações, omitir dados ou redimensioná-los de acordo com interesses políticos ou econômicos particulares.

O problema abrange a forma como se constroem discursiva e textualmente as notícias em sua inserção na rede inumerável de plataformas e veículos de informação que se tornou a internet. Muitas vezes, a chamada para uma matéria se dá por meio de links formados por imagens seguidas de uma manchete ou legenda, que tornam pouco discerníveis textos jornalísticos e publicitários/patrocinados, que se manifestam da mesma maneira na página do jornal on-line. Pode-se perceber, ao acessar um jornal on-line, quanto o link para uma matéria do jornal é semelhante ao da página patrocinada. Um exemplo é a primeira página da *Folha de S.Paulo on-line*, do dia 27 de outubro de 2021.

Na página de abertura do site da *Folha de S.Paulo*, nessa data, uma fotografia de uma máscara cirúrgica, com a sobreposição de uma pequena etiqueta, quase imperceptível, registrando que se tratava de conteúdo "patrocinado", leva à página de seção intitulada "Bem estar" [*sic*], simulando a de uma página de jornal. Emprega os mesmos recursos retóricos e discursivos de uma reportagem sobre a pandemia de covid-19 (projeções enunciativas características, testemunhos, fotografias, gráficos, dados, etc.), em um texto que se estende por vários parágrafos – pressupondo, então, um leitor com fôlego, que faz leitura "corrida" e não uma "varredura" superficial de parte do texto.

Tendo como manchete "[Covid-19] Israel, Rússia e a triste ilusão. Mesmo com a população vacinada os surtos da nova variante não param", possui subtítulo ("Número de casos superou o pico da 2ª onda na Rússia. A nova variante Delta é agressiva e está destruindo famílias. Saiba como proteger a sua"), é assinada ("por Cássia Malta, B. E.") e datada de 6 de julho de 2021, tal qual acontece nos jornais. Seguem fotos de leitos de hospital com pacientes sendo tratados por profissionais protegidos por equipamentos de proteção individual (EPIs), com suas respectivas legendas, além de gráficos reproduzidos do site *G1*, representando o aumento no número de infectados pelo vírus em Israel, entre outros procedimentos comumente empregados no discurso jornalístico.

Mesmo simulando tratar-se de notícia sobre a pandemia, a matéria termina com a recomendação de uso de uma máscara adequada, encaminhando para "um site oficial de vendas de um dos principais fornecedores das máscaras KN 95 do Brasil", quando se pode melhor perceber, entre outras marcas bem sutis espalhadas ao longo do texto, a sua intencionalidade publicitária.

Ao misturar códigos próprios do gênero reportagem jornalística com os de uma propaganda comercial – neste caso mais sutilmente, travestido de um "serviço" de um órgão de notícia –, essa peça publicitária pode confundir até um leitor menos ingênuo, induzindo-o a adquirir um bem de consumo como se fosse uma recomendação de um órgão noticioso para um comportamento seguro frente à pandemia.

Esse texto difere de outros textos publicitários que incorporam gêneros diversos (poesia, canções, informações "científicas", etc.) como procedimento argumentativo para fazer crer, como ocorre no exemplo do produto da Avon dado anteriormente neste capítulo. No texto que induz à aquisição de máscaras NK95 de uma empresa específica, não fica explicitada a incorporação de um gênero por outro como código retórico próprio da propaganda; os modos de construção e as "promessas semióticas" dos dois gêneros se confundem, produzem uma espécie de indecidibilidade e torna possível (e misturada) uma ou outra leitura. Portanto, levando em conta as categorias da veridicção e sua graduação, o texto parece muito uma matéria de divulgação científica. Os seus conteúdos até são coerentes com as informações dadas por cientistas nas mídias, ou seja, até são verdadeiros, mas encaminham para a manipulação do leitor para a aquisição de um bem de consumo. Nesse caso, a instabilidade do julgamento veridictório não se restringe ao enunciado e ao dito, mas também às configurações próprias do gênero e ao regime de crença a ele apropriado.

As contradições e diluições de limites entre os modos de construção de veridicção e as diversas normas, estilos e gêneros relativos aos regimes de crença estão tematizados numa reportagem sobre o *Sensacionalista*, site humorístico que se descreve como "jornal isento de verdade". A matéria, intitulada "No 'Sensacionalista' a ficção é bem melhor que a realidade", foi publicada pelo *El País* em 24 junho de 2016. Na reportagem, mesmo os criadores do *Sensacionalista* negando tratar-se de um veículo jornalístico, opondo claramente jornalismo e humor, o narrador da matéria, a todo momento, os designa jornalistas. Os seus criadores também afirmam que viraram "fonte de primeira informação para muita gente". Na matéria sobre o site, afirma-se que "um site que se diz 'isento de verdade' [...] não significa ser 'isento de notícia'". Mas acham engraçado serem convidados para tratar dos rumos do jornalismo, como se vê nas transcrições a seguir de trechos da reportagem:

> "Nós viramos fonte de primeira informação para muita gente", conta Martha Mendonça, uma das criadoras do site, em 2009, e que faz parte da redação com mais outros três **jornalistas**: Marcelo Zorzanelli, Leonardo Lanna e Nelito Fernandes.
>
> [...]
>
> Martha associa o sucesso do *Sensacionalista* a dois fatores: agilidade para publicar as notícias fictícias – como eles mesmos dizem – e o hábito do brasileiro acessar o Facebook logo pela manhã, antes de muitos sites de notícias *de verdade*. "Somos muito rápidos com a piada. E muitas vezes as pessoas sabem de um acontecimento por nós", diz.
>
> [...]
>
> Marcelo Zorzanelli é enfático, porém, em dizer que o *Sensacionalista* não faz jornalismo. "Jornalismo não tem nada a ver com humor", diz. "Quer fazer jornalismo, não faça piada. Fazer gracinha no jornalismo é uma excrescência". Talvez nem todo mundo veja da mesma maneira essa dissociação da informação com o humor. Prova disso é que a equipe do *Sensacionalista* já foi convidada para falar em mesas de discussão sobre o futuro da informação.

O jornal "fictício", então, é para ser interpretado mesmo como falso – não parece nem é verdadeiro. Mesmo que apenas simule veicular matérias jornalísticas (o que o caracterizaria como mentiroso), não passa de uma alusão ao jornal, porque há marcas evidentes de um não parecer, ou seja, caracteriza-se por empregar recursos que fazem o leitor avaliá-lo como falso.

Um exemplo é a chamada "Bolsonaro é humilhado pelos ex em vídeo e passa a noite ouvindo Marília Mendonça e tomando sorvete no pote", publicada, naquela época, no Twitter do *Sensacionalista* (14 de setembro de 2021), que deve ser interpretada como claramente falsa (não parece de forma nenhuma e não é), verificável por alguns recursos escolhidos pelo enunciador. Há ausência de coerência interna, por conta da discrepância entre temas e figuras, para o qual concorrem duas isotopias (tema político e tema da frustação amorosa, concretizados nas figuras do Presidente da República, de um lado, e nas figuras "ouvir Marília Mendonça" e "tomar sorvete no pote", de outro), o que não nos impede de reconhecer a veiculação, de forma jocosa, de informação que circulou também em outras manchetes de jornais, neste mesmo dia, como, por exemplo, a que foi publicada no portal de notícias *UOL* ("Em jantar com políticos, Michel Temer ri de imitação de Bolsonaro", em 14 de setembro de 2021).

Não é raro também que o *Sensacionalista* apenas reproduza as manchetes que circulam nos jornais, como no tuíte "Datafolha diz que a maioria acha Bolsonaro desonesto, incompetente, despreparado, indeciso, autoritário e pouco inteligente e a gente não quer fazer piada, só quis repetir tudo isso mesmo", publicado em 8 de julho de /2021. Neste caso da citação de informação do Datafolha, o *Sensacionalista* usa a preterição ("a gente não vai fazer piada, só quis repetir tudo isso mesmo"), faz piada justamente por inscrever um enunciatário que se depara com a notícia desconcertante de que a maioria dos brasileiros atribui ao então presidente uma série de adjetivos desqualificadores. Assim, mesmo sendo produzida para ser interpretada como verdadeira (parece e é), há uma subversão na forma como deve ser interpretada (como uma piada, apesar de se apoiar num fato atestado pelos intertextos). A concessão sustenta a comicidade: mesmo implausível (a imagem tão desqualificada do presidente de uma nação), é verdadeira!

Há também algumas postagens no site ou no X (ex-Twitter) do *Sensacionalista* que oscilam mais para a percepção da manchete como mentirosa (até parece, mas não é), com o tom jocoso menos evidente, aproximando-se de matérias publicadas em veículos noticiosos. São ocasiões em que o *Sensacionalista* afirma ter sido "plagiado pela realidade". Um exemplo é o tuíte do jornal humorístico "Deputada neonazista é criticada por se encontrar com bolsonarista", publicado em 23 de julho de 2021, que parece antecipar o conteúdo de uma reportagem do *Estadão*, publicada posteriormente, em 28 de julho de 2021, divulgada também em postagem no ex-Twitter ("De olho na eleição alemã, partido de ultradireita evitará associação com Bolsonaro, dizem analistas"). Com a inscrição "Fomos plagiados pela realidade mais uma vez",[13] o *Sensacionalista* publica, no dia 29 de julho de 2021, *prints* dessas duas postagens lado a lado (à esquerda, do Sensacionalista, com foto da alemã com a deputada bolsonarista Bia Kicis e, a segunda, à direita, publicada pelo *Estadão*, em que a deputada alemã aparece ao lado de Bolsonaro).

A semelhança entre a postagem do *Sensacionalista*, que deve ser interpretada como mentirosa, e a do *Estadão*, que foi produzida para ser julgada como verdadeira, se torna, então, motivo de chiste para o *Sensacionalista*. Ao dizer que a realidade é que faz o plágio do jornal fictício, reitera as misturas entre os regimes de crença. A manchete jornalística é vista como implausível (não parece, mesmo assim é verdadeira), já que se assemelha ao texto cômico do jornal "isento de verdade". Percebem-se aí as formas concessivas do julgamento veridictório.

O fato de o *Sensacionalista* imprimir graduações no modo de construção da veridicção, aliado às modificações que tornaram as notícias jornalísticas (ou pelo menos as manchetes) mais apelativas e mais tônicas, acentuando uma dimensão afetiva e passional, acaba por fazer com que alguns veículos da imprensa alternativa e jornalistas associem as manchetes publicadas pela imprensa dita séria às do *Sensacionalista*. É o que acontece num tuíte da *Mídia Ninja*, publicado em 16 de julho de 2021, ao comentar a manchete do *G1* ("Daniel Silveira diz em depoimento à PF que cachorro roeu carregador da tornozeleira eletrônica"). Na postagem, a *Mídia Ninja* afirma: "É Brasil, tá difícil te superar. A manchete desta sexta a noite [*sic*]", seguida da observação: "Ps: não é o @sensacionalista".

A postagem *da Mídia Ninja* embaralha os dois domínios discursivos, o jornalístico e o humorístico, ao compartilhar a manchete do *G1*, alertando que não é manchete do *Sensacionalista*. A escolha dessa manchete, deixando em evidência o conteúdo inusitado do depoimento do deputado, que estava em prisão domiciliar com a obrigação do uso de tornozeleira eletrônica, concretiza as dificuldades do leitor em decidir sobre qual regime epistêmico deve servir de parâmetro para que se dê o julgamento da verdade do enunciado. A manchete do *G1* parece pouco factual, mas deve ser lida como verdadeira.

Em outro tuíte, nesta mesma data, um jornalista reitera a dificuldade de se distinguir se o enunciado deve ser interpretado como sarcasmo ou como representação noticiosa de um fato, ao referir-se à essa mesma notícia que a *Mídia Ninja* comentou: "Exausto de checar se as notícias são do @sensacionalista antes de postar". A indicação da iteratividade na checagem sugere que essa indiferenciação entre as ocorrências factuais noticiadas e as tiradas humorísticas é corriqueira e exige constantes verificações. Então, o implausível deve ser tomado como verdadeiro ou pelo menos verossímil, e o plausível acaba por ser questionado ou colocado em dúvida.

DESAFIOS NO JULGAMENTO VERIDICTÓRIO, ACEITABILIDADE DOS DISCURSOS E TUMULTO EPISTÊMICO

Essa dificuldade do enunciatário em escolher o regime de crença a partir do qual deve ou pode fazer o julgamento da veridicção nos textos e de decidir a aceitabilidade dos enunciados pode ser ilustrada com charge de Laerte publicada em sua página no Instagram em 17 de novembro 2020[14] e a reação de seus leitores, registrada nos comentários. A charge, reproduzida a seguir, faz alusão às discussões sobre o projeto de lei de alteração do sistema eleitoral brasileiro, instituindo o voto impresso. Por ser uma charge, não se trata de um texto para ser interpretado como representação factual de uma realidade, apesar de criticá-la. E há marcas que indicam essa orientação de leitura: há um enunciado ("Sistema eleitoral aperfeiçoado: distopia") que marca a ironia (pelo contraste "aperfeiçoado" e "distopia") e um desenho (os eleitores mostram seus votos impressos aos mesários, para estes conferi-los, verificando se votaram no candidato por eles indicados antes de dispensá-los) que representa uma situação improvável no sistema eleitoral vigente. Então, a charge deve ser lida como uma ficção, como um texto humorístico, nunca como representação da realidade.

HIBRIDIZAÇÃO DOS REGIMES DE CRENÇA E VERIDICÇÃO

Figura 7 – Charge da Laerte

No entanto, os comentários publicados em relação à charge mostram, na relação intertextual, dois fenômenos curiosos e distantes dessa percepção do texto como ficcional e cômico, esperada a partir das "promessas semióticas" associadas ao gênero: (a) a interpretação da charge como sendo uma figurativização das normas e proposições do projeto de lei; (b) a interpretação da charge como *fake news* (como uma informação mentirosa, portanto). No primeiro caso, o comentador "corrige" a chargista, que responde reiterando o caráter fictício e humorístico da charge (explicita que se trata de uma distopia; que o comentador não sabe interpretar a charge):

Comentários

Comentador 1[15] Gente, a pessoa não leva o comprovante para casa. O eleitor vota digitalmente, gera o comprovante com o nome do candidato. Em seguida, confere e depois deposita na urna.

Laertegenial @comentador 1 sim, mas ninguém falou que leva para casa. É uma distopia.

Comentador 2 O comprovante não fica com o eleitor, fica na urna. Só é possível ver o voto se abrir a urna ou se estiver junto ao ato do voto, ambos proibidos.

Laertegenial @comentador 2 a tirinha é uma distopia. Aprenda a interpretar charge!

No segundo caso, já demonstrando exasperação (marcada pela forma de dirigir-se a certa parcela dos leitores, as exclamações, uso de caixa alta, etc.), a chargista contesta que se trate de *fake news*, reiterando a confusão entre o regime de crença escolhido pelo comentador para interpretar a veridicção da charge e o que está previsto em textos desse gênero.

> Laertegenial #laerte **
> Gado: ATENÇÃO!!! Antes de vir aqui xingar, procure no dicionário o significado de DISTOPIA, talkey?*
>
> Laertegenial @comentador 3 post fake news? Aprenda a interpretar charge.
>
> Comentador 4 Tenho 62 anos. Gente já vivi isso! Parece mentira né!! Mas isso já foi realidade!

Curiosamente, há comentador que reafirma a interpretação da charge como representação da realidade, em outro momento histórico ("Tenho 62 anos. Gente, já vivi isso! Parece mentira né!! Mas isso já foi realidade!"). Evidentemente, o conflito vai além das discussões sobre o problema de interpretação de charges, mas diz respeito aos embates relacionados à proposta de votação da Proposta de Emenda à Constituição (PEC) do voto impresso, a que a charge faz alusão crítica, e a posicionamentos políticos e valores ideológicos em choque.

Os exemplos aqui trazidos fazem crer que é necessária uma reflexão mais aprofundada sobre os regimes de crença nas mídias, sugerida por Fontanille (2015: 137-154). É preciso compreender essas novas formas de estabelecimento dos contratos fiduciários e de veridicção entre os sujeitos em interação comunicativa, que se mostram mais voláteis e difusos, menos delimitados e diferenciados. O julgamento sobre as formas de interpretar um texto, apoiado no conjunto de conhecimentos e crenças adotadas em relação à própria constituição, inscrevendo-o num gênero, numa prática interativa, enfim, num certo regime de crença, influencia também o julgamento veridictório a ele aplicado. As múltiplas nuances do parecer e do não parecer, do ser e do não ser que constituem os textos e a manifestação desse hibridismo das formas retóricas, das normas e dos estilos confundem o enunciatário, fazendo tornar mais custosa a escolha de protocolos de leitura a serem adotados, afetando sua avaliação sobre o estatuto veridictório dos enunciados. Nas palavras de Fontanille,

HIBRIDIZAÇÃO DOS REGIMES DE CRENÇA E VERIDICÇÃO

> O problema não é mais se os programas de notícias dizem a verdade sobre o mundo, se os jogos são fraudados ou confiáveis, se os anúncios obedecem à ética comercial ou se os filmes de ficção respeitam códigos estéticos. O problema já surge bem a montante para o usuário, pois o que é perturbado e desestabilizado são as próprias condições para a escolha do sistema de crenças mais adequado. É fácil compreender que as condições de interpretação de uma mensagem ficam muito degradadas se, diante de um filme publicitário, convém perguntar-se antecipadamente se se trata de um jogo, de um documento ou de uma ficção, e essa degradação pode estar apenas a favor da manipulação de crenças, ou seja, é uma estratégia de persuasão que joga com a desestabilização semiótica do sujeito que interpreta. (Fontanille, 2015: 149)[16]

Do ponto de vista do enunciatário, esse hibridismo de regimes de crença e de construção da veridicção nos textos, a tonificação no dizer na internet e o incremento do apelo para os recursos sensíveis e passionais (cf. Barros, 2015) expandem as formas concessivas dos julgamentos veridictórios e acabam por tornar os leitores vulneráveis a variadas formas de engano. Essa indiferenciação nas formas genéricas na produção dos enunciados, pressupondo uma indecidibilidade na escolha adequada dos protocolos de leitura, inscreve nos textos um enunciatário instável, que afere com dificuldade as formas de verdade, falsidade, mentira e segredo, terreno fértil para as *fake news*. E, enfim, esses textos híbridos que se multiplicam na contemporaneidade delineiam, como destinatário, ou um sujeito que não acredita mais em nada ou, ao contrário, que acredita em qualquer coisa.

Notas

[1] O *database* nos foi concedido após a participação, junto à Cecília Almeida, professora do departamento de publicidade e propaganda da Universidade Federal de Pernambuco, em um edital da própria Internation Fact Checking Network no ano de 2020.

[2] A este propósito, veja-se também o trabalho de Morris (1946), que identifica a designação como um modo específico de produção sígnica.

[3] No original, "Tout événement brusque touche le tout. Le brusque est un mode de propagation. La pénétration de l'inattendu plus rapide que celle de l'attendu, – mais la réponse de l'attendu plus rapide que de l'inattendu".

[4] Disponível em: https://www.instagram.com/p/CqtYf5ELDi8/. Acesso em: 6 abr. 2023.

[5] Disponível em: https://www.correiobraziliense.com.br/politica/2021/09/4948617-caminhoneiros-bolsonaristas-choram-com-fake-news-de-estado-de-sitio.html ou em https://ultimosegundo.ig.com.br/politica/2021-09-09/caminhoneiros-bolsonaro-estado-de-sitio-o-que-significa.html. Acesso em: 7 ago. 2023.

[6] "'Decepção', 'mensagem cifrada' e 'é Adnet!': a confusão sobre áudio de Bolsonaro em grupos de caminhoneiros". *G1*, 09/09/21. Disponível em: https://g1.globo.com/economia/noticia/2021/09/09/decepcao-mensagem-cifrada-e-e-adnet-a-confusao-sobre-audio-de-bolsonaro-em-grupos-de-caminhoneiros.ghtml. Acesso em: 03 jul. 2023.

[7] Do verdadeiro ao falso, há várias outras possibilidades nas etiquetas propostas pela Agência: o "verdadeiro, mas" (quando a informação está correta, mas faltam informações), "ainda é cedo para dizer" (a informação pode vir a ser verdadeira), "exagerado", "contraditório", "subestimado", "insustentável" e "de olho" (quando a informação está sendo monitorada). Informação disponível em https://piaui.folha.uol.com.br/lupa/2015/10/15/como-fazemos-nossas-checagens/?utm_source=Search&utm_medium=cpc&utm_campaign=lupa5anos&gclid=CjwKCAiA0KmPBhBqEiwAJqKK4_NXlOF8FQ9LHhcmcR7XMNymAvRBzm5gzGPVSPEgvVtgGHjXdLCvRxoCcGYQAvD_BwE. Acesso em: 15 out. 2015.

[8] Sobre o conceito de gênero, ver Fontanille, 1999; Fiorin, 2016; Portela e Schwartzmann, 2012 e Gomes, 2009.

[9] Os metarregimes de crença na mídia seriam quatro: (i) o documento e a informação; (ii) o jogo e a competição; (iii) a ficção e a narração; (iv) o ensino e a didática. Esses metarregimes são transversais aos gêneros textuais, que engendram, por sua vez, formas mistas e combinações numerosas, o que causa nos leitores/expectadores grande incerteza no momento da interpretação (Fontanille, 2015: 147-149).

[10] Essa subseção não existe mais no jornal.

[11] O texto da propaganda foi publicado em 19 out. 2021 e pode ser acessado pelo link https://www.instagram.com/p/CVOCY8uJ3Nn/?utm_source=ig_web_copy_link&igsh=MzRlODBiNWFlZA==. Acesso em: 15 ago. 2024.

[12] Tradução nossa do original: "Personne n'est dupe, et rares sont ceux qui considèrent que le discours politique que le discours politique ait pour fonction de construire un portrait ajusté, fidèle, transparent des faits sociaux" (Aldama, 2018: 1).

[13] A postagem pode ser acessada pelo link https://x.com/sensacionalista/status/1420755901217079306. Acesso em: 15 ago. 2024.

[14] A charge foi publicada na página "@laertegenial" do Instagram (https://www.instagram.com/laertegenial/).

[15] É preservado o anonimato do perfil dos comentadores, empregando-se para isso as expressões "Comentador" numerados sucessivamente.

[16] Tradução nossa do original: "Le problème n'est plus en effet de savoir si les émissions d'information disent la vérité sur le monde, si les jeux sont truqués ou fiables, si les publicités sont conformes à déontologie commerciale, ou si les films de fiction respectent les codes esthétiques de leur genre. Le problème se pose déjà bien en amont pour l'usager, car ce qui est perturbé et déstabilisé, ce sont les conditions mêmes du choix du régime de croyance le plus approprié. Il est aisé de comprendre que si, face à un film publicitaire, il convient de se demander au préalable si on a affaire à un jeu, un document ou une fiction, les conditions d'interprétation du message publicitaire sont fortement dégradées, et cette dégradation ne peut qu'être en faveur de la manipulation des croyances, c'est-à-dire d'une stratégie de persuasion qui joue sur la déstabilisation sémiotique de l'interprète" (Fontanille, 2015: 149).

Referências

ALDAMA, Juan Alonso. Régimes véridictoires et simulacres du politique. *Actes Sémiotiques*, n. 121, 2018.

ARISTÓTELES. *Metafísica*. Edição trilíngue em grego, latim e espanhol de Valentim Garcia Yebra. Madrid: Gredos, 1998.

AUSTIN, Jhon. *How to do things with words*. Massachusetts: Harvard University Press, 1975.

BAKHTIN, Mikhail. Os gêneros do discurso. In: *Estética da criação verbal*. São Paulo: Martins Fontes, 2003. p. 261-306.

BARROS, Diana Luz Pessoa de. *Teoria do discurso*: fundamentos semióticos. São Paulo: Atual, 1988.

_____. Figurativização e publicidade. *ALFA*: Revista de Linguística, v. 48, p. 11-31, 2004.

_____. Preconceito e intolerância em gramática do português. In: BARROS, Diana Luz Pessoa de; FIORIN, José Luiz (orgs.). *A fabricação dos sentidos*: estudos em homenagem a Izidoro Blikstein. São Paulo: Humanitas, v. 1, p. 339-363, 2008.

_____. *Teoria semiótica do texto*. São Paulo: Ática, 2011a.

_____. (org.). *Preconceito e intolerância*: reflexões linguístico-discursivas. São Paulo: Editora Mackenzie, 2011b.

_____. Emoções e paixões nos discursos: perspectiva semiótica. In: BASTOS, Neusa Barbosa (org.) *Língua portuguesa*: aspectos linguísticos, culturais e identitários. São Paulo: Educ, 2012. p. 91-105.

_____. Política e intolerância. In: FULANETI, Oriana; BUENO, Alexandre Marcelo (orgs.). *Linguagem e política*: princípios teórico-discursivos. São Paulo: Contexto, 2013. p. 71- 92.

_____. A complexidade discursiva na internet. *CASA*: Cadernos de Semiótica Aplicada, v. 13, n. 2, p. 13-31, 2015.

_____ (org.). *Margens, periferias, fronteiras*: estudos linguístico-discursivos das diversidades e intolerâncias. São Paulo: Editora Mackenzie, 2016a.

_____. Estudos discursivos da intolerância: o ator da enunciação excessivo. *Cadernos de Estudos Linguísticos*, v. 58, p. 7-24, 2016b.

_____. Algumas reflexões sobre o papel dos estudos linguísticos e discursivos no ensino-aprendizagem na escola. *Estudos Semióticos*, v. 15-2, p. 1-14, 2019.

_____. As *fake news* e as anomalias. *Verbum*, v. 9, n. 2, p. 26- 41, 2020a.

_____. Redes sociais, mentira e educação: a contribuição dos estudos do discurso e da língua falada. In: LEITE, Marli Quadros, *Oralidade e ensino*. São Paulo: FFLCH-USP, 2020b. p. 120-164.

_____. Le dépositaire fidèle. In: BERTRAND, Denis; DARRAULT-HARIS, Ivan (orgs.). *À même le sens*. Limoges: Éditions Lambert-Lucas, 2021a. p. 421-432.

_____. A mentira e o humor no discurso político brasileiro. *Estudos Semióticos*, v. 17, n. 1. Dossiê especial GT de Semiótica da ANPOLL "Semiótica e vida social". São Paulo, p. 1-12, 2021b.

_____. Contrato de veridicção: operações e percursos. *Estudos Semióticos*, v. 18, n. 2. São Paulo, p. 23-45, 2022.

BARROS, Manuel. Glossário de transnominações em que não se explicam algumas delas (nenhumas) ou menos. In: BARROS, Manuel. *Arranjos para assobio*. 2. ed. Rio de Janeiro: Record, 1998.

BASTIDE, Françoise. *Una notte con Saturno*: Scritti semiotici sul discorso scientifico. Roma: Meltemi, 2001.

BERTRAND, Denis. *Caminhos de Semiótica literária*. Bauru: Edusc, 2003.

CIENTISTAS criam método para combinar todas as vacinas em apenas uma dose. *Jornal do Brasil*, 17 set. 2017. Disponível em: https://www.jb.com.br/ciencia-e-tecnologia/noticias/2017/09/17/cientistas-criam-metodo-para-combinar-todas-as-vacinas-em-apenas-uma-dose.html. Acesso em: 24 jan. 2022.

COMUNICADO sobre aplicação de doses vencidas: desmentindo fake news. *Prefeitura do Rio de Janeiro*, 3 set. 2021. Disponível em: https://coronavirus.rio/noticias/comunicado-sobre-aplicacao-de-doses-vencidas-desmentindo-fake-news/. Acesso em: 23 mar. 2022.

CORONEL Helena usa imagem de academia de personal assassinada; ela já se retratou. *Gazeta do Rio Preto*, 19 out. 2020. Disponível em https://www.gazetaderiopreto.com.br/cidades/noticia/2020/10/coronel-helena-usa-imagem-de-academia-de-personal-assassinada-ela-ja-se-retratou.html. Acesso em: 23 mar. 2022.

COUTINHO, Mariana; MANCINI, Renata. Graus de concessão: as dinâmicas do inesperado. *Estudos Semióticos*, v. 16, n. 2. São Paulo, p. 13-24, 2020.

COVIELLO, Massimiliano. *Testimoni di guerra. Cinema, memoria, archivio*. Venezia: Edizioni Ca' Foscari, 2015.

EM JANTAR com políticos, Michel Temer ri de imitação de Bolsonaro. *UOL Notícias*, 14 set. 2021. Disponível em https://noticias.uol.com.br/politica/ultimas-noticias/2021/09/14/em-jantar-com-politicos-michel-temer-ri-de-imitacao-de-bolsonaro.htm. Acesso em: 23 mar. 2022.

DEMURU, Paolo. Conspiracy theories, messianic populismo and everyday social media use in contemporary Brazil: a glocal semiotic perspective. *Glocalism*, v. 3, p. 1-42, 2020.

_____. Gastropopulism: a sociosemiotic analysis of politicians posing as "the everyday man" via food posts on social media. *Social Semiotics*, v. 31, n. 3, p. 507-527, 2021. Disponível em: https://www.tandfonline.com/doi/abs/10.1080/10350330.2021.1930800. Acesso em: 10 mar. 2022.

_____; FECHINE, Yvana; LIMA, Ceciclia Almeida Rodrigues; GONDIM, Juliana. As mentiras do eu. Procedimentos, gêneros e atores do discurso desinformativo em primeira pessoa. *Liinc em Revista*, [s. I.], v. 18, n. 2, p. e60692, 2022. Disponível em: https://revista.ibict.br/liinc/article/view/6062. Acesso em: 19 fev. 2024.

DISCINI, Norma. *Intertextualidade e conto maravilhoso*. São Paulo: Humanitas, 2002.

_____. *O estilo nos textos*. São Paulo: Contexto, 2008.

ECO, Umberto. *Trattato di semiotica generale*. Milano: Bompiani, 1975.

FABBRI, Paolo; LATOUR, Bruno. La retorica della Scienza. In: FABBRI, Paolo; MARRONE, Gianfranco (orgs.). *Semiotica in Nuce*. Roma: Meltemi, 2000.

FILINICH, Maria Isabel. Testemunho e veridicção. *Estudos Semióticos*, v. 13, n. 2, p. 136-142, 2017. https://doi.org/10.11606/issn.1980-4016.esse.2017.141617

FIORIN, José Luiz. *O regime de 1964*: discurso e ideologia. São Paulo: Atual, 1988a.

_____. *Linguagem e ideologia*. São Paulo: Ática, 1988b.

_____. *As astúcias da enunciação*. 2 ed. São Paulo: Ática, 1999.

_____. Semiótica e retórica. *Gragoatá*, v. 12, n. 23, Niterói, p. 9-26, 2007.

_____. A crise da representação e o contrato de veridicção no romance. *Revista do GEL*, S. J. do Rio Preto, v. 5, n. 1, p. 197-218, 2008.

_____. *Figuras de retórica*. São Paulo: Contexto, 2014.

_____. *Argumentação*. São Paulo: Contexto, 2015.

_____. *Introdução ao pensamento de Bakhtin*. 2. ed. São Paulo: Contexto, 2016.

_____. A respeito dos conceitos de debreagem e embreagem: as relações entre semiótica e linguística. CASA. *Cadernos de Semiótica Aplicada* (Online), v. 15, p. 12-38, 2022.

FONTANILLE, Jacques; ZILBERBERG, Claude. *Tensão e significação*. Trad. Ivã Carlos Lopes, Luiz Tatit e Waldir Beividas. São Paulo: Discurso, 2001.

FONTANILLE, Jacques. *Sémiotique et littérature*: essais de méthode. Paris: Presses Universitaires de France, 1999.

_____. *Significação e Visualidade*: exercícios práticos. Porto Alegre: Sulina, 2005.

_____. Práticas semióticas. In: DINIZ, Maria Lúcia Vissotto Paiva; PORTELA, Jean Cristtus (orgs.). *Semiótica e mídia*: textos, práticas, estratégias. Bauru: UNESP/FAAC, 2008, p. 15-74.

_____. *Formes de vie*. Liége: Presses universitaires de Liège, 2015.

_____. Discursos, Mídias, Práticas e Regimes de Crença. *Revista do GEL*, v. 16, n. 3, 2019, p. 246-261. Disponível em: https://revistas.gel.org.br/rg/article/view/2608. Acesso em: 5 nov. 2024.

REFERÊNCIAS

GAMA, E.; RIGHETTI, S. Registros indicam que milhares no Brasil tomaram vacina contra covid-19 com data vencida. *Folha de S.Paulo*, 02 jul. 2021. Disponível em https://www1.folha.uol.com.br/equilibrioesaude/2021/07/milhares-no-brasil-tomaram-vacina-vencida-contra-covid-veja-se-voce-e-um-deles.shtml. Acesso em: 23 mar. 2022.

GOMES, Regina Souza. Gêneros do discurso: uma abordagem semiótica. *Alfa*: Revista de Linguística, v. 53, n. 2, São Paulo, Unesp, p. 575-594, 2009.

_____. Crise de veridicção e interpretação: contribuições da Semiótica. *Estudos Semióticos*, v. 15, n. 2, p. 15-30, 2019.

GREIMAS, Algirdas Julien. *Semântica estrutural*. São Paulo: Cultrix/Edusp, 1973.

_____. *Sobre o sentido*: ensaios semióticos. Petrópolis: Vozes, 1975.

_____. *Sémiotique et sciences sociales*. Paris: Seuil, 1976.

_____. *Sobre o sentido II*. São Paulo: Nankin/Edusp, 2014.

_____; COURTÉS, Joseph. *Dicionário de Semiótica*. São Paulo: Contexto, 2008.

JAKOBSON, Roman. Linguística e poética. In: _____. *Linguística e comunicação*. São Paulo: Cultrix, 1991.

LANDOWSKI, Eric. *A sociedade refletida*: ensaios de sociossemiótica. Trad. Eduardo Brandão. São Paulo: Pontes, 1992.

_____. *As interações arriscadas*. São Paulo: Estação das Letras e Cores, 2014.

_____. As metamorfoses da verdade, entre sentido e interação. *Estudos Semióticos*, v. 18, n. 2, p. 1-22, 2022. Disponível em: https://www.revistas.usp.br/esse/article/view/198273. Acesso em: 19 fev. 2024.

MACHADO, Arlindo; VÉLEZ, Marta Lucía. Documentiras y fricções. O lado escuro da lua. *Revista Galáxia*, São Paulo, n. 10, p. 11-30, dez. 2005.

MANCINI, Renata. A tradução enquanto processo. *Revista Cadernos de Tradução*, Florianópolis, v. 41, 2020a.

_____. A retórica do sentir-reagir: a exacerbação sensível como estratégia no universo transmidiático. In: SOUSA, Silvia Maria; AZEVEDO, Sandro Tôrres (orgs.). *Diálogos transmídia*. Uberlândia: Pangeia, 2020b.

MARKETING do além. *Folha de S.Paulo*, Contraponto, 04 jul. 2004.

MARSCIANI, Francesco (org.). *Tra semiotica ed ermeneutica*. Roma: Meltemi, 2000.

MELO NETO, João Cabral de. *Antologia poética*. 3. ed. Rio de Janeiro: José Olympio, 1975.

MORRIS, Charles. *Signs, language and behavior*. New York: Braziller, 1946.

OLIVEIRA, Ana Claudia Mei Alves de. *Semiótica plástica*. São Paulo: Hacker, 2004.

PORTELA, Jean Cristtus; SCHWARTZMANN, Matheus Nogueira. A noção de gênero em semiótica. In: PORTELA, J. C. et al. *Semiótica*: identidade e diálogos. São Paulo: Cultura Acadêmica, 2012. p. 69-95.

ROSSI, M. No Sensacionalista, a ficção é bem melhor que a realidade. *El País*, 24/06/2016. Disponível em https://brasil.elpais.com/brasil/2016/06/24/politica/1466797534_968435.html. Acesso em: 23 mar. 2022.

QUEZADA MACCHIAVELLO, Óscar. *Mundo MezQuino*: arte semiótico filosófico. Lima: Fondo Editorial, 2017.

QUINO. *!Que mala es la gente!* Buenos Aires: Ediciones de la Flor, 2015.

SANTAELLA, Lucia. *Semiótica Aplicada*. São Paulo: Cengage Learnign, 2002.

SOARES, Felipe Bonow, RECUERO, Raquel, VOLCAN, Taiane, FAGUNDES, Giane, e SODRÉ, Giéle. Desinformação sobre o Covid-19 no WhatsApp: a pandemia enquadrada como debate político. *Ciência da Informação em Revista*, v. 8, p. 74-94, 2021.

SOARES, Vinicius Lisboa; MANCINI, Renata. Uma leitura tensiva das modalidades veridictórias. *Estudos Semióticos*, v. 19, n.1, p. 15-29, 2023. Disponível em: https://revistas.usp.br/esse/article/view/206156. Acesso em: 5 nov. 2024.

SODRÉ, Muniz. *A sociedade incivil*: Mídia, iliberalismo e finanças. Petrópolis: Editora Vozes, 2021.

_____. Comportamentos públicos estão entre a alucinação e o fato. *Folha de S.Paulo* [on-line], São Paulo, 18 jun. 2022. Disponível em: https://www1.folha.uol.com.br/colunas/muniz-sodre/2022/06/comportamentos-publicos-estao-entre-a-alucinacao-e-o-fato.shtml?utm_source=twitter&utm_medium=social&utm_campaign=twfolha. Acesso em: 18 jun. 2022.

VALÉRY, Paul. *Cahiers*. Paris: Gallimard, 1989, t. 1. (Coll. La Pléiade).

VIOLI, Patrizia; LORUSSO, Anna Maria. *Semiotica del testo giornalistico*. Roma: Laterza, 2004.

ZILBERBERG, Claude. As condições semióticas da mestiçagem. In: CAÑIZAL, Eduardo Peñuela; CAETANO, Kati Eliana (orgs.). *O olhar à deriva*: mídia, significação e cultura. São Paulo: Annablume, 2004.

_____. Louvando o acontecimento. *Galáxia*, v. 13, p. 13-28, 2007.

_____. Observações sobre a base tensiva do ritmo. Trad. Lucia Teixeira e Ivã Carlos Lopes. *Estudos Semióticos*, v. 6, n. 2. São Paulo, p. 1-13, 2010.

_____. *Elementos de Semiótica Tensiva*. Trad. Ivã Carlos Lopes, Luiz Tatit, Waldir Beividas. São Paulo: Ateliê, 2011.

_____. *La structure tensive*. Liége: Presses universitaires de Liège, 2012.

Os autores

Diana Pessoa de Barros é professora titular da Universidade Presbiteriana Mackenzie e professora titular aposentada e professora Emérita da Universidade de São Paulo (USP). Publicou diversos livros, capítulos e artigos nos domínios, sobretudo, da teoria e análise dos discursos, dos estudos da língua falada, da semiótica discursiva e da história das ideias linguísticas. Pela Editora Contexto publicou capítulos nos livros *Linguagem e política* (volume 1), *Enunciação e discurso*, *Introdução à linguística* (volumes I e II) e *Discurso e desigualdade social*.

Paolo Demuru é doutor em Semiótica pela Universidade de Bologna, Itália, e em Semiótica e Linguística Geral pela Universidade de São Paulo. É docente Permanente do Programa de Pós-Graduação em Letras da Universidade Presbiteriana Mackenzie e vice-presidente da Associação Brasileira de Semiótica. Foi coordenador do Grupo de Trabalho Práticas Interacionais, linguagens e produção de sentido na comunicação da Associação Nacional dos Programas de Pós-Graduação em Comunicação (2021-2023). Autor de livro e de diversos artigos científicos publicados em revistas internacionais, pesquisa atualmente sobre a linguagem e as práticas discursivas do populismo digital do século XXI, as teorias de conspiração e outras estratégias de desinformação.

Regina Souza Gomes é mestre e doutora em Letras pela Universidade Federal Fluminense, com estágio pós-doutoral na Universidade Paris 8, França e Universidade Presbiteriana Mackenzie. É professora associada do Departamento de Letras Vernáculas da Universidade Federal do Rio de Janeiro, coordena o Núcleo de Pesquisas em Semiótica – UFRJ e integra o SeDi na Universidade Federal Fluminense (UFF) como pesquisadora. É autora de livros e capítulos de livros e artigos sobre sincretismo de linguagens, aspectualização, veridicção e aplicação da semiótica ao ensino de português.

Renata Mancini é doutora em Semiótica e Linguística Geral pela Universidade de São Paulo, com estágio de pós-doutorado na Universidade Paris 8 (Bolsa Capes-2015). É professora do Departamento de Linguística da Universidade de São Paulo e integra o corpo de pesquisadores do Programa de Pós-graduação em Semiótica e Linguística Geral da USP e dos grupos de pesquisa Grupo de Estudos Semióticos da USP (GES-USP) e do Grupo Semiótica e Discurso da UFF (SeDi-UFF). Publicou vários capítulos de livros e artigos em revistas especializadas abordando semioticamente a tradução, os diálogos e as interfaces entre linguagens nas artes e nas mídias digitais.

GRÁFICA PAYM
Tel. [11] 4392-3344
paym@graficapaym.com.br